Gerda und Rüdiger Maschwitz

KURSBUCH
BETEN

Gerda und Rüdiger Maschwitz

KURSBUCH BETEN

ANREGUNGEN FÜR ALLE LEBENSLAGEN

Mit Fotos von Willi Rolfes

Kösel

Verlagsgruppe Random House FSC-DEU-0100
Das für dieses Buch verwendete FSC-zertifizierte Papier *Praximatt*
liefert Condat, Frankreich

Weitere Informationen zu diesem Buch und unserem gesamten
lieferbaren Programm finden Sie unter
www.koesel.de

INHALT

BETEN

Wenn ich aber bete,
dann halte ich mich
mit meiner ganzen Existenz
der göttlichen Wirklichkeit hin.
Ich erwarte zugleich
alles und nichts.
Ich möchte auch in Krisen,
in Krankheit und Sterben
offen bleiben
für das, was geschieht.
Ich möchte vertrauen
und lieben können,
ohne dass ich weiß,
wie es ausgeht
und wohin es führt.
Dies ist mein Gebet,
mein tiefstes
und letztes Gebet.

EINE EINLADUNG

Liebe Leserinnen und Leser,

ein Kursbuch gibt Auskunft, zeigt Verbindungen auf und gibt die gewünschte Richtung an. Es enthält Startpunkt und Reiseziel. Es benennt Orte, die vielleicht Neugierde wecken. Es zeigt sinnvolle Wege auf, um von einem Ort zu einem anderen Ort zu gelangen. Es kennt günstige Zeiten für die Verbindungen. Es reagiert auf Veränderungen auf dem Weg, es kennt neue Anschlüsse bei Verspätungen oder anderen Problemen unterwegs. Es berücksichtigt angenehme Übergangszeiten von einem Fortbewegungsmittel zum anderen. Möglichst ohne Hetze, Stress und zu lange Wartezeiten. Und es bezieht alle Möglichkeiten der Fortbewegung ein, die sinnvoll sind.

Doch ein Kursbuch ist nicht das Fahrzeug, nicht das Reisemittel, sondern allenfalls ein Wegweiser. Genauso verhält es sich mit diesem Buch. Es soll Verbindungen aufzeigen, Wege vorschlagen, Probleme benennen, zum Innehalten einladen und Ihnen so das Beten nahebringen. Sie können das Buch an vielen Stellen beginnen. Sie können nachschlagen und nachlesen. Sie sind eingeladen zum Blättern oder zum gezielten Suchen. Beginnen Sie mal nicht nur von vorne. Aber: So wenig wie ein klassisches Kursbuch Sie schon unterwegs sein lässt, kann dieses Buch das eigene Beten ersetzen. Beten selbst lernt der Mensch durch Beten.

Dabei ist das Gebet viel mehr Menschen vertraut, als wir gemeinhin annehmen. Es ist kein Gesprächsthema, obwohl Beten ein Grundimpuls des Menschseins zu sein scheint, selbst dann, wenn Gott im Leben keine Rolle spielt. So beten viele Menschen spontan in Notsituationen, sie suchen dann Orientierung und Halt auf einer Ebene, die über sie hinausgeht. Aber einfach so beten? Ja, natürlich. Wir kennen dies von Kindern, Jugendlichen und Erwachsenen in vielfältigen Situationen. Sie beten –

einfach so. Sie haben das Beten vielleicht durch Vorbilder gelernt, wurden von anderen damit vertraut gemacht oder entdeckten es selbst für sich.

Fragt man Menschen nach ihrer Motivation zum Beten, erhält man neben der Aussage: »Mir ist Beten eine Selbstverständlichkeit, ich bin das so gewohnt« ein weites Spektrum von Antworten. Es gibt einerseits Menschen, die intensiv beten und gleichzeitig sagen: »Ich glaube nicht mehr an den Gott meiner Kindheit oder an den Gott der Kirchen. Aber ich glaube.« Andererseits gibt es Menschen, die grundsätzlich an Gott zweifeln und doch beten, nicht nur aus Verlegenheit, sondern aus ihrer Erfahrung heraus. Wahrscheinlich werden sie ein Leben lang in der Spannung zwischen Zweifeln an und Erfahrungen mit der göttlichen Wirklichkeit leben und es entspricht ihrer Geisteshaltung, immer skeptisch zu bleiben.

Erstaunlich aber bleibt die Gruppe Menschen, die hin und wieder betet und eigentlich mit Gott gar nichts zu tun haben will. Sicherlich ist dies für einige von ihnen eine Art Rückversicherung, falls es Gott doch gibt. Aber meistens geht es darüber hinaus. Es sind Menschen, die das Geheimnis hinter dem Wort »Gott« in ihrem Inneren ahnen, sich aber auf keinen Fall von einer anderen Wirklichkeit, die nicht überprüfbar ist, abhängig machen wollen.

So scheint das Verhältnis zum Beten oft paradox zu sein. Auf der einen Seite suchen Menschen Kontakt zur und Berührung durch die göttliche Wirklichkeit, auf der anderen Seite sind da Misstrauen, Vorsicht, Skepsis, Zweifel und Verlegenheit.

Für uns beide war und ist Beten ein Teil unseres Lebens. Aber es ist auch etwas sehr Intimes, Persönliches. Im Gebet teilen wir ganz Privates mit der göttlichen Wirklichkeit. Es ist nicht einfach, darüber zu schreiben. Doch es ist sehr anregend. Im Gespräch über dieses Buch haben wir wieder einmal gemerkt, wie sehr das Beten, wie viele andere Lebensbereiche auch, durch die eigene Lebensgeschichte, durch das Gelungene und Misslungene geprägt ist.

Ich, Rüdiger, bin mit meiner eher frommen und doch auch religiös offenen Mutter aufgewachsen. Beten beim Essen war tägliche religiöse Praxis und Pflicht zugleich. Es gab ein paar Standardgebete. Ich hatte damit, je älter ich wurde, große Schwierigkeiten. In diesen Wiederholungen war für mich kein Inhalt mehr und mit diesen Worten war keine Beziehung zu Gott möglich. Ganz anders erging es mir mit dem stillen Gebet, mit der inneren Zwiesprache mit Gott und besonders Jesus; dieser Faden war seit Kindertagen da und riss dankenswerterweise nie ab. Dies ist meine persönliche Beziehung, die ich pflege.

Wenn ich, Gerda, heute über Beten nachdenke, erstaunt es mich oft selbst, wie vertraut es mir in allen Zeiten geblieben ist. Und Vertrauen ist das, was sich bei mir am stärksten mit Beten verbindet. Die wenigen ärgerlichen und abschreckenden Erfahrungen (vor allem mit Menschen, die Gebete einforderten oder sie als getarnte Moralpredigt benutzten) konnten die seit Kindertagen bestehende Beziehung zwischen Gott und mir nicht zerstören. Dabei empfinde ich die vertrauten Morgen- und Abendgebete meiner frühen Kindheit als einen Schatz, mit dem sich spontan Gefühle und Stimmungen ausdrücken lassen. Sie verändern sich durchaus, finden neue Formen. So habe ich über lange Zeit ein altes Kindergebet als Gebet mit dem Sonnengruß (einer Yogaübung, siehe Seite 248) verbunden. Aus Kindergottesdienst und Konfirmandenzeit kamen Liedstrophen hinzu und später viele Liedrufe aus Taizé und andere Texte. Aus diesen Worten schöpfe ich Kraft, wenn ich aus dem Schweigen der Meditation wieder ins Wort komme, wenn ich mich mitten im Alltag von der göttlichen Gegenwart berührt fühle. So bin ich diejenige, die sich neben dem individuellen und situativen Gebet stark macht für Gebete, die in ihrem gleichbleibenden Wortlaut uns über Jahre begleiten können, Gebete mit Tradition oder Gebete, die (individuelle) Tradition werden können.

Für uns beide ist das schweigende Gebet das Verbindende. Die Übung der Kontemplation/Meditation ist zwar nur eine Form des Betens, durch sie sind wir aber zu der Erkenntnis gekommen, Beten als Hinhalten unserer Person in die göttliche Wirklichkeit zu begreifen – ein Hinhalten mit Herzen, Mund und Händen. Anders ausgedrückt, wir beten mit unserem ganzen Sein, mit all unseren Sinnen, ob im Schweigen, mit Gebärden oder Worten.

Dieses Buch möchte auch Sie zum Beten einladen, nicht mehr und nicht weniger. Es wendet sich an alle Menschen, die kleinen und die großen, die

jungen und die alten. Wir möchten, dass Beten in einer offenen, liebe-
vollen Atmosphäre stattfindet, in der wirklich Raum ist für das, was den
Betenden bewegt. Alles, wirklich alles kann mit der göttlichen Wirklichkeit geteilt werden. Dazu möchten wir ermutigen.

Was daraus erwächst, bleibt offen. Darauf möchten wir deutlich hinweisen. Wer betet, wird ein anderer Mensch, kein besserer. Dies spüren wir
immer neu an uns selbst. Es gibt kein richtiges Beten, sondern einfach
nur Beten.

Noch ein Wort zum Aufbau des Buches. Die Menschen beten schon seit
Urzeiten zu Gott. Von dieser göttlichen Wirklichkeit haben sie eine in-
nere Vorstellung, sie tragen Gottesbilder und Gottesvorstellungen in sich.
Je nach Gebet und eigener Lebensgeschichte sind diese Vorstellungen
sehr unterschiedlich. Davon erzählen die biblischen Texte, die mit kurzen
Erklärungen und Verbindungen am Anfang eines jeden Kapitels stehen.
Daran anschließend finden Sie Gebete zum jeweiligen thematischen
Schwerpunkt des Kapitels, sowohl allgemeinere als auch solche zu bestimmten Gelegenheiten. Wir greifen dabei auch auf viele vertraute Gebete zurück. Dies ist uns wichtig, da in diesen Gebeten die Kraft von
Generationen liegt und sie sehr verdichtet sind. Manchmal haben wir
dabei Worte ersetzt und verändert, wenn sie unserem Ansinnen nicht
entsprachen oder wir diese Worte nicht beten konnten. Neuere und
eigene Gebete kommen hinzu. Zwischen den einzelnen Gebeten sind
kurze Gedanken eingestreut. Sie deuten den jeweiligen Abschnitt oder
ergänzen ihn. Sie geben Denkanstöße oder setzen Impulse. So können
Sie in diesem Buch einfach lesen oder auch gezielt nach Worten für Ihr
Gebet suchen.

Zwischen den einzelnen Kapiteln finden Sie – farbig unterlegt – Texte, die
auf Fragen eingehen, die sich im Zusammenhang mit dem Thema Gebet
ergeben können, und Hintergrundwissen bieten. Vor allem in den »Fra-
gen und Antworten zum Land des Betens« verdeutlichen wir – quasi als
»Reiseführer« – unsere persönliche Erfahrung mit dem Beten und unsere
Einstellung zum Gebet und stecken damit die Richtung dieses Buchs ab.
Dies ist für Sie als Einladung gedacht, Ihren Weg zu finden. Unter dem
Stichwort »Jeder hat sein Reisegepäck dabei« finden Sie Anregungen, sich

mit der eigenen Gebetsgeschichte und den Gottesvorstellungen zu beschäftigen.

Das »Kursbuch Beten« will so im doppelten Sinne ein Kursbuch sein. Es
lädt zu einem Kurs im Beten ein und steckt zum anderen den Kurs, also
die Richtung, ab. Sie haben damit, so hoffen wir, die Möglichkeit, Ihren
persönlichen Weg des Betens zu entdecken und zu gestalten.

Wagen Sie das Gebet, vertiefen Sie es und üben Sie es. Möge Ihnen dieses
Buch zum Segen werden.

Ihre Gerda und Rüdiger Maschwitz

AM
MORGEN

Und am Morgen, noch vor dem Tagesanbruch,
stand Jesus auf und ging hinaus.
Er ging an eine einsame Stätte und betete dort.

Markus 1,35

DER GOTT DER STILLE

Wenn ich mir morgens die Zeit nehme und in die Stille gehe, erlebe ich den Tagesanbruch, das langsame Aufgehen der Sonne immer wieder neu und höre die Stille. Wirklich: Wir können die Stille hören. Sie klingt. Und: Mir ist dieser unscheinbare Text von Jesus dann nahe. Es ist eine ungewöhnliche Zeit. Der Tag erwacht. Und aufstehen wird fast zur Auferstehung. In der Stille – gerade wenn ich draußen sein kann – spüre ich, wie die ganze Schöpfung mich umgibt und ich bin in diese Schöpfung eingebettet. Auch dies ist Beten! Ich kann – für Augenblicke – eins werden mit der Herrlichkeit der Schöpfung. Ich kann wahrnehmen, dass die göttliche Wirklichkeit mich umgibt. Nur am Morgen gibt es (bei mir) dieses eher unschuldige und offene Wahrnehmen.

Dies ist meine Zeit der Morgenmeditation. Ich lebe. Ich bin. Ich atme.

Jesus liebt dieses Innehalten am Morgen und am Abend. Er nimmt sich diese eigene Zeit mit einer Selbstverständlichkeit, die wohltuend ist. Und dies würde uns allen gut tun: Kindern, Partnerin und Partner; Verpflichtung und Arbeit werden für diesen konkreten Augenblick zurückgestellt. Mit diesem Innehalten beginnt Beten. Ja, dieses Innehalten ist Beten.

GEBETE AM MORGEN

Morgens, wenn die Sonne aufgeht und ihr Licht die Dunkelheit vertreibt, beginnt ein neuer Tag und weckt uns auf.

Jeder neue Morgen erzählt uns, dass es Verlässliches auf dieser Erde gibt und dass auch die dunkelste Nacht ein Ende hat.

Der Morgen ist der Neubeginn des Tages. Er enthält noch alle Chancen und Hoffnungen. Wir leben und atmen. Wir können uns durchräkeln und bewegen, so wie wir jetzt sind …

Weil dies gar nicht so selbstverständlich ist, fällt es uns am Morgen oft noch ganz leicht zu danken, wir spüren Freude in uns, noch ungetrübt von den Ereignissen des Tages.

Mit einem ganz einfachen Gebetsruf können wir jeden Tag aus ganzem Herzen begrüßen:

Danke für diesen neuen Tag!

Oder uns fällt ein Liedvers ein:

Danke für diesen guten Morgen,
danke für jeden neuen Tag,
danke, dass ich all meine Sorgen
auf dich werfen mag.

Martin Gotthard Schneider

Mancher Morgen ist so schön, dass wir gar nicht anders können, als auch fröhlich zu sein. Draußen in der Natur wacht alles wieder auf und lässt uns staunen, wie schön die Welt sein kann.

Die Vögel zwitschern: Guten Morgen!
Die Blumen strahlen: Was für ein Tag!
Die Bäume rauschen: Schön ist das Leben!
Und ich singe, weil Gott mich mag.
(Und ich freue mich, weil ich dich mag.)

Du weckst mich mit dem Morgenlicht,
und lässt die Vögel singen,
weil ich so gut geschlafen hab,
wird mir der Tag gelingen.

Überall geht morgens die Sonne auf und überall freuen sich Menschen
auf den neuen Tag. Junge afrikanische Christen haben dies in einem Gebet so ausgedrückt:

Herr, ich werfe meine Freude wie Vögel an den Himmel.
Die Nacht ist verflattert, und ich freue mich am Licht.
Deine Sonne hat den Tau weggebrannt
vom Gras und von unseren Herzen.
Was aus uns kommt und was in uns ist an diesem Morgen –
alles ist Dank.
Herr, ich bin fröhlich heute am Morgen.
Die Vögel und die Erde jubilieren, und ich singe auch.
Das All und unsere Herzen sind offen für deine Gnade.
Ich fühle meinen Körper und danke.
Das Meer rollt gegen den Strand, ich danke.
Die Gischt klatscht gegen unser Haus, ich danke.
Herr, ich freue mich an der Schöpfung
und dass du dahinter bist und daneben
und davor und darüber und in uns.

Ich werfe meine Freude wie Vögel an den Himmel.
Ein neuer Tag, der glitzert und knistert,
knallt und jubiliert von deiner Liebe.
Jeden Tag machst du. Halleluja, Herr!

Gebet aus Westafrika

So kommt allmählich der Tag in den Blick. Was wird heute sein? Freue ich mich darauf oder gibt es etwas, das ich lieber vermeiden möchte? Etwas, wovor ich sogar Angst habe?
Wie es auch sei, es ist gut, sich Gottes Gegenwart und Begleitung zu versichern, um so gestärkt in den Tag zu gehen.

Gott, danke für diesen neuen Tag.
Sei du mit mir (uns) und begleite mich (uns).

Dieses kurze Gebet kann gut für sich allein stehen, es kann aber auch den Rahmen bilden, der die jeweilige Tagesstimmung einfasst, etwa so:

Lieber Gott, danke für diesen neuen Tag.
Ich freue mich auf den Kindergarten,
bestimmt können wir heute draußen spielen und toben.
Sei du mit mir und begleite mich.

≈

Lieber Gott, danke für diesen neuen Tag.
Heute fahren wir zu Oma und Opa, das wird schön.
Sei du mit uns und begleite uns.

≈

Gott, danke für diesen neuen Tag.
Heute geht es mir nicht so gut,
ich habe Angst, dass ich die Klassenarbeit verhaue.
Sei du mit mir und begleite mich.

Du mein Gott, danke für diesen neuen Tag.
Auf manches freue ich mich,
aber es ist wieder alles viel zu viel,
was getan werden muss.
Sei du mit mir und begleite mich (und gib mir Kraft).

JEDER MORGEN EIN NEUER ANFANG

Manchmal denken wir, ein Tag ist wie der andere. Gestern ein Tag, heute ein Tag, morgen wieder dasselbe. Was ist schon Besonderes an einem neuen Morgen? Aber liegt es nicht auch an uns, wie wir den Tag erleben und was wir daraus machen? Jeder Morgen gibt uns auch die Chance, diesen Tag ganz neu, ganz anders zu leben.

Im Gebet können wir den Tag bewusst beginnen. Wir können darum bitten, dass wir aus diesem Tag, der uns geschenkt ist, etwas Gutes machen:

Die Nacht ist vergangen, der Tag ist da,
lasst uns wachen und nüchtern sein
und abtun, was uns träge macht,
dass wir leben unter seiner Sonne
und ihn preisen, unseren Gott
vom ersten Morgenlied an
bis zur Ruhe der Nacht.

Jörg Zink

Die Nacht ist vorüber, der Tag ist erwacht,
ich sehe die Sonne, die vom Himmel lacht.
Ich spüre die Erde, die meine Füße berührt
und lausche auf die Stimme, die im Herzen mich führt.

Hab Dank für das Leben, das du heute mir schenkst,
du, der du meinen Namen kennst.
Einen Korb voll Freude will ich verschenken,
an alle Menschen mit Liebe denken. Amen.

Das Gebet von Seite 23 kann auch gut mit Kindern gesprochen werden. Es kann gemeinsam im Stehen gesprochen werden und wer mag, kann die Worte mit einer Gebärde verbinden. Dazu finden Sie Anregungen im Kapitel »Beten mit dem Körper« (siehe Seite 238).

Und noch ein Gebet, das die Einzigartigkeit eines jeden Tages hervorhebt:

Weil kein Tag wie der andere ist, will ich mich heute freuen über
die Lichtblicke im Dunkeln und die Augenblicke des Glücks.
Weil kein Tag wie der andere ist, will ich mir heute vornehmen,
das Schöne auch im Schweren zu sehen und anzunehmen.
Weil kein Tag wie der andere ist, will ich heute hellwach sein
für die Berührungspunkte und Fingerzeige Gottes.
Weil kein Tag wie der andere ist, will ich heute so leben,
dass ich allen und allem liebevoll begegnen kann.
Weil kein Tag wie der andere ist, will ich heute das tun,
was mir möglich, und lassen, was unnötig ist.
Weil kein Tag wie der andere ist, will ich heute alles zur
größeren Ehre Gottes tun.

Paul Weismantel

GRAUER MORGEN

An manchen Tagen aber wird es gar nicht richtig hell. Das Licht der Sonne dringt nicht durch die Wolken und alles erscheint grau in grau. Auch in uns gibt es solche Tage, die auch der strahlende Sonnenschein nicht hell machen kann. Dann ist uns mehr nach Klage als nach Dank.

Mein Gott, die Nacht ist bald vorüber.
Ich weiß nicht, ob ich froh darüber bin oder nicht.
Ich habe kaum geschlafen
und bin müder noch als gestern Abend.
Draußen wird es hell,
aber ich möchte nur eins:
die Decke über den Kopf ziehen und endlich schlafen.
Gleich klingelt der Wecker,
und ich muss aufstehen
und mich durch den Tag quälen.
Hilf mir, dass die Menschen,
mit denen ich heute zusammen bin,
nicht unter meiner Müdigkeit leiden müssen
und gib mir, wenn es geht,
heute Abend ein paar Stunden mehr Schlaf.

Doch auch wenn es ganz dunkel ist, ist in uns vielleicht noch ein Funke Hoffnung, dass es wieder hell werden kann. So wie wir an trüben Tagen wissen, dass die Sonne da ist und wieder kommt, auch wenn wir sie nicht sehen.

Mein Gott, es will nicht hell werden.
In mir und um mich ist es dunkel.
Warum kann ich dem Morgenlicht nicht trauen?
Gib mir die Kraft, mich dem Licht zu öffnen.

Vielleicht können uns an einem solchen Morgen die
Worte Dietrich Bonhoeffers Mut machen:

Von guten Mächten wunderbar geborgen
erwarten wir getrost, was kommen mag.
Gott ist bei uns am Abend und am Morgen,
und ganz gewiss an jedem neuen Tag.

Dietrich Bonhoeffer

MORGENRITUALE

Ist es nicht so: Wie wir den Tag beginnen, so nimmt er seinen Lauf. Jeder weiß, was gemeint ist mit der Redensart: »Der ist mit dem falschen Bein zuerst aufgestanden.« Ist es dann nicht gut, einen vertrauten Morgenanfang zu haben, der uns auf feste Füße stellt und uns mit Ruhe und Gelassenheit dem Tag entgegenblicken lässt?

Wenn wir morgens die Kinder oder auch den Partner wecken, ist da nicht Zeit für einen kurzen gemeinsamen Dank für den neuen Tag?

Das kleine Gebet: »Die Vögel zwitschern …« (siehe Seite 20) kann dann auch mit » … und ich freue mich, dass ich dich mag!« und einer morgendlichen Umarmung enden.

Auch für Erwachsene gibt es ganz unterschiedliche Möglichkeiten, den Tag zu begrüßen, je nachdem, wie viel Zeit wir uns nehmen. So kann ein ganz einfaches Ritual aussehen: Aufstehen, sich dehnen, recken und strecken (vielleicht am offenen Fenster), tief und bewusst einatmen und für den neuen Tag danken. Vielleicht mit folgenden Worten:

Einatmend und ausatmend
schöpfe ich neue Kraft.
DU durchströmst mich.
Atemzug um Atemzug
kann dieser Tag gelingen.
Danke.

Wenig mehr Zeit braucht es, ein geistliches Wort, ein Bibelwort mit in den Tag zu nehmen. Das kann ein Wort aus einer Sammlung für jeden Tag sein, zum Beispiel aus den Tagestexten aus Taizé, aus den Losungsworten für den Tag oder ein fortlaufender Bibelabschnitt, den ich ein- oder zweimal lese und mir für den Tag einpräge. Wer mehr Zeit hat, kann daran eine Zeit in der Stille (Meditation) anschließen und sich so dem, was kommen will, öffnen. Ein Lied oder das Vaterunser kann die Zeit abschließen.

Über den Anfang und vom Beten

Am Anfang wurden der Himmel und die Erde und es war gut. Alles, was wurde, war gut.

Der Kosmos bewegte sich und Licht und Dunkelheit wechselten sich ab. Es wurde Tag und Nacht. Es trennten sich die Wasser und die Erde.

Das Leben wuchs im Wasser und auf dem Lande heran.

Und es war gut.

Auch der Mensch wuchs heran, als Frau und als Mann.

Und es war gut.

Der Mensch begann aufrecht zu gehen, sich zu erinnern, Dinge zu erfinden und zu denken.

Und es war gut.

So wuchs das Bewusstsein des Menschen. Mann und Frau wurden sich über die Welt bewusst und sie begannen immer weiter nachzudenken und sie bedachten ihre Erfahrungen und Erkenntnisse.

Sie bewahrten die Erinnerungen in den Herzen, sie behielten neue Erfindungen in ihrem Kopf, sie griffen darauf immer wieder zurück.

Und es war gut.

Sie wurden sich ihrer selbst bewusst und begannen sich zu begreifen, erst mit den Händen und dann auch mit dem Verstand. Sie ahnten wer sie waren und manchmal wussten sie es sogar.

Sie verstanden nicht alles. Aber sie suchten immer weiter nach Verständnis, nach Sinn, nach Begreifen und sie fragten sich, woher sie kommen und wohin sie gehen.

Sie fragten sich auch, warum sie leben und warum sie sterben und was nach dem Tod ist und ob überhaupt etwas nach dem Tod ist.

Und sie spürten immer wieder, dass es mehr gibt als sie selbst. Dass das Leben in sich einen Sinn hat und dass es ein Geheimnis des Lebens gibt.

Und je mehr die Menschen begriffen und wussten, desto mehr ahnten besonders die weisen und klugen Menschen, dass das Leben nicht Zufall ist. Sie spürten, dass das Leben einen Rhythmus hat, dass das Werden und Vergehen, das Säen und Ernten, das Herstellen und Verbrauchen mehr als Leistung, menschliches Können und Verstehen ist.

Und sie nannten den Grund hinter allem Leben »Gott« und sie konnten Gott wahrnehmen und spüren. Gott war ein Geheimnis. Manches von diesem Geheimnis konnten die Menschen nach und nach ergründen. Das Wort Gott wurde zu einer Beschreibung und für manche Menschen auch der Name Gottes. Andere Menschen nannten Gott Vater oder Mutter, manche sprachen ihn als Schöpfer, Tröster oder König an. Aber es blieben Worte, die nicht alles umfassten.

Manchmal waren die Menschen mit Gott eins und fühlten sich sehr geborgen.

Manchmal war ihnen Gott sehr ferne und gar nicht zu bemerken. Wenn alles in Ordnung war, störte sie das gar nicht. Wenn etwas sie erschreckte, wenn vieles schief lief, wenn etwas sie ängstigte, dann erinnerten sie sich an Gott und versuchten wieder mit ihm, dem Urgrund allen Lebens, in Kontakt zu kommen.

Sie gaben dem Urgrund allen Lebens viele Namen und Eigenschaften. Oft machten sie es gerade so, wie es ihrer Situation entsprach.

Manches war sehr persönlich geprägt, anderes konnten viele Menschen gemeinsam sprechen und nachvollziehen. Sie taten dies in vielen Sprachen und Worten, aber auch im Schweigen und Tanzen.

So wollten sie die Beziehung zu dem Urgrund pflegen.

Wir nennen diese Beziehungspflege »beten«. Beten ist die Verbindung des Menschen mit dem Urgrund allen Lebens.

Von dieser Beziehung Gottes zu den Menschen handelt dieses Buch.

AM ABEND

Bleibe bei uns, denn es will Abend werden.

Lukas 24,29

Nach dem Tod Jesu gehen zwei seiner Jünger zurück in ihren Heimatort Emmaus.

Ein Unbekannter schließt sich ihnen an und wandert mit ihnen.

Alle ihre Sorgen und Klagen der letzten Tage teilen sie mit ihm. Er hört zu, erläutert, fragt nach.

Dann kommt der Abend. Sie sind in der Nähe eines Dorfes und der Unbekannte schickt sich an, weiterzugehen.

Sie laden ihn ein: Bleibe bei uns, denn es will Abend werden und der Tag hat sich geneigt.

Und so sitzen sie zusammen, der Fremde nimmt das Brot, dankt, bricht es und gibt es ihnen.

Da erkennen sie in diesem Unbekannten Jesus. Aber sie können ihn nicht festhalten.

Sie sehen sich an und sprechen: Brannte nicht unser Herz, als er mit uns redete, uns begleitete und uns die Zusammenhänge erklärte?

Nach Lukas 24,13–34

DER BEGLEITENDE GOTT

Dieser Text über die Wanderung der beiden Jünger nach Emmaus aus dem Lukasevangelium spricht zwei Erfahrungen an:

Zum einen: Nicht immer erkennen wir das Göttliche sofort – so wie die Jünger nicht den auferstandenen Jesus erkennen. Es braucht die Erinnerung und die Wachheit, die Anknüpfung an und die Verbindung zu früheren Erfahrungen. Im Brotbrechen bricht in diesen Männern etwas auf. Sie erkennen die wertvollen Erfahrungen aus der gemeinsamen Zeit mit Jesus und sie spüren, dass sein Tod ihnen nichts von dieser Zeit nehmen kann. Und noch mehr: Sie nehmen wahr, dass Jesus in ihnen auferstanden und in ihnen lebendig ist.

Zum anderen: Der Abend ist ein guter Zeitpunkt, die Erfahrungen des Tages aufzunehmen, anzuschauen und wirken zu lassen. Im Niederlassen und im gemeinsamen Abendessen kann der Tag sich noch einmal in Erinnerung rufen. Vielleicht kennen Sie dies: Der Tag ist fast zu Ende und Gelungenes, Banales und Misslungenes zieht noch einmal vor dem inneren Auge vorüber. Dabei ist das Nicht-Festhalten-Können aus der Geschichte ein wertvoller Hinweis: Was geschehen und erfahren ist, ist vorbei und hat trotzdem seine Auswirkungen. Aber wiederholen können wir nichts.

So ist der Abend immer auch mit Ausruhen, Bilanzziehen und Abschiednehmen verbunden. Dies können wir mit Gott teilen.

GEBETE AM ABEND

AUS DER TRADITION

Müde bin ich, geh zur Ruh,
schließe beide Augen zu.
Vater, lass die Augen dein
über meinem Bette sein.

Alle die mir sind verwandt,
Gott, lass ruhn in deiner Hand.
Alle Menschen groß und klein
sollen dir befohlen sein.

Kranken Herzen sende Ruh,
nasse Augen schließe zu.
Lass den Mond am Himmel stehn
und die stille Welt besehn.

Luise Hensel

Bevor des Tages Licht vergeht,
o Herr der Welt, hör dies Gebet:
Behüte uns in dieser Nacht
durch deine große Güt und Macht.

Friedrich Dörr nach einem alten lateinischen Abendhymnus

DEN TAG ERINNERN

Der Tag ist vorüber. Draußen wird es allmählich dunkel, die Lichter der Sterne, der Straßen und Häuser leuchten tröstlich und lassen die Nacht nicht ganz dunkel werden.

Wie war der Tag? Es ist gut, abends innezuhalten und noch einmal nachzuspüren, was gewesen ist. So geben wir dem Tag, der uns geschenkten Zeit, noch einmal Gewicht. Manches wird so schnell vergessen, ist so alltäglich, dass es nicht wert scheint, erinnert zu werden. Was habe ich denn heute getan? War es das, was ich vorhatte oder verlief der Tag ganz anders? Konnte ich etwas gut abschließen oder ist die Arbeit am Ende des Tages mehr als am Morgen? Gerade Kinder (aber nicht nur sie) freuen sich, wenn man die Ereignisse und Tätigkeiten des Tages noch einmal erinnert und damit wertschätzt.

Gleichzeitig beginnt im Erinnern das, was war, sich bereits zu verändern:

Vielleicht können wir schon wieder über etwas lachen, was uns heute Morgen noch geärgert hat.

Vielleicht können wir nach einem Streit versöhnlich aufeinander zugehen und sagen: »Was war, ist vorbei. Wichtig ist, dass wir zusammen sind.«

Vielleicht zaubert die Erinnerung an einige schöne Momente uns noch einmal ein Lächeln auf unser Gesicht.

Vielleicht fällt uns noch die eine oder andere Begegnung ein und wir denken an diese Menschen mit Liebe und guten Wünschen. Vielleicht können wir sogar versöhnlich an die denken, die es uns schwer machen.

Vielleicht kommt uns Gelungenes in den Sinn und Freude und Zufriedenheit berührt uns noch einmal.

Vielleicht ist es aber auch Misslungenes, was uns berührt, wo wir versagt haben in Beziehungen, in der Arbeit, im Leben. Wir spüren, dass wir dies aushalten müssen. Dass wir aber auch auf den neuen Tag hoffen können, um alles neu und anders zu machen.

Vielleicht …

Dies und alles, was uns nach einem langen Tag bewegt, können wir im Gebet Gott hinhalten.

Das folgende kurze Gebet kann wieder der Rahmen sein, der all dies einschließt. So können wir schon mit kleinen Kindern beten. Am Anfang erzählen sie nur, und der Erwachsene fasst den Tag in kurze Worte zusammen, später können sie selbst eigene Worte finden.

Guter Gott, der Tag ist zu Ende.
Danke für alles, was ich heute erlebt habe.
Jetzt kann ich ruhig schlafen, denn du bist bei mir.

Der gleichbleibende Rahmen gibt Vertrauen und Sicherheit, genau das, was Kinder für die Nacht brauchen.

Auch aus dem folgenden Gebet können die ersten beiden und die letzten drei Zeilen als Rahmen dienen, und so den individuellen Tag umschließen. Es kann aber auch für lange ein tägliches Gebet sein.

Heute war ein langer Tag.
Vieles habe ich erlebt.
Ich war fröhlich und auch traurig,
ganz lieb und auch gemein.
Ich habe gelacht, getobt, geboxt, geschrien.
So bin ich.
Nun bin ich müde, Gott.
Ich freue mich auf den Schlaf.
Gib, dass ich morgen früh wieder fröhlich aufwache.

DANKEN UND LOSLASSEN

Wenn wir den Tag so beenden, können wir das Gewesene leichter loslassen und zur Ruhe kommen. Im Gebet vertrauen wir uns und unseren Tag Gott an, spüren wir, dass wir nicht alleine durchs Leben gehen, dass wir mit unserem Können und Nicht-Können, mit unserem Gelingen und Misslingen getragen und geborgen sind in einer größeren Wirklichkeit.

Gott, die Zeit, die ich heute hatte, habe ich verbraucht.
Manches Gute konnte ich tun,
viel Zeit ist mir einfach durch die Hände geflossen.
Manches hätte ich lieber nicht gesagt oder getan, es ist geschehen.
Lass mich ändern, was noch zu ändern ist.
Egal wie der Tag heute war, dass ich ihn leben durfte,
dafür danke ich dir.

Es ist sicher nicht an jedem Abend einfach, für den Tag zu danken. Zu viel Unangenehmes, Belastendes, Ärgerliches und Enttäuschendes kann den Tag ausgefüllt haben. Aber gab es wirklich nichts an diesem Tag, wofür ich danken kann? Gab es gar keinen noch so kleinen Grund zur Freude, zum Lächeln, zum Fröhlichsein?
❯ War da nicht ein Sonnenstrahl, der mein Gesicht berührte?
❯ Eine farbenfrohe Blüte im grauen Alltag?
❯ Jemand, der mir zulächelte, der meine Sorgen sah?
❯ Jemand, der mir kurz die Hand auf die Schultern legte oder mich gar in den Arm nahm?

Ein weiser Mensch hat einmal gesagt: Gehe nie ins Bett, bevor dir nicht drei Dinge eingefallen sind, für die du am heutigen Tag danken kannst. Es ist ein wirklich weiser Rat, probieren Sie es aus, auch wenn Sie manchmal länger nachdenken müssen. Es kann Ihr Leben verändern.

BITTE UM SCHUTZ

Manchmal ist es weniger der Blick zurück auf den Tag, der uns bewegt, sondern mehr die Sorge um die Nacht, die kommt. Kinder, die aufwachen, sind oft verängstigt durch ihre Träume oder durch die Dunkelheit. Sie brauchen die Vergewisserung, dass sie nicht alleine sind. Dafür sind wir als Eltern da, aber es ist auch gut zu wissen, dass es eine größere Wirklichkeit gibt, in der wir immer eingebettet sind.

Lieber Gott, draußen wird es dunkel
und ich habe Angst, allein zu sein.
Beschütze du mich in dieser Nacht.

≈

Gott, den ganzen Tag habe ich nicht an dich gedacht.
Jetzt bitte ich dich, sei du bei mir in dieser Nacht.

≈

In deine Hände, ewige Gegenwart, lege ich diesen Tag.
Lass mich in dir ruhen und geborgen sein in dieser Nacht.

≈

Wenn es dunkel wird, liege ich unruhig im Bett,
warte auf den Schlaf.
Wenn es dunkel wird, kommen die Schatten, machen mir Angst.
Wenn es dunkel wird, draußen und in mir,
verliere ich den Mut.
Dann sei du bei mir mit deinem Licht,
umhülle und schütze mich,
bis das Licht des neuen Tages die Schatten vertreibt.

ABENDRITUALE

Der Übergang vom Tag zur Nacht, vom Toben zum Ruhen, vom Sorgen zum Lassen ist weder für Große noch für Kleine ganz einfach. Gerade am Abend freuen sich die Kinder, wenn die Eltern noch Zeit für sie haben und ihnen helfen, zur Ruhe zu finden. Dann kann, wie schon erwähnt, der Tag noch einmal angeschaut werden, kann etwas erzählt, vorgelesen oder gesungen und mit einem Gebet abgeschlossen werden.

Auch als Erwachsener ist es gut, einen Tagesabschluss zu haben. Im Stillwerden und Nachklingenlassen können sich die Gedanken und Sorgen des Tagesgeschehens lösen, finden wir ein wenig Gelassenheit und Ruhe. Vielleicht müssen wir den Tag noch einmal ganz durchgehen, bis wir ihn mit einem kurzen Gebet abschließen können, vielleicht liegt im Gebet schon die Kraft zum Loslassen.

Der Tag ist vergangen.
Was wir zu tun hatten, ist getan.
Du bist nahe.
Nimm alle Hast von uns.
Die Unruhe unserer Gedanken und die Hast unserer Herzen.
Wir möchten dir stille halten, der so nahe ist.
Unter deinem Schutz haben wir diesen Tag vollendet.
Wir danken dir für alles, was du hast gelingen lassen.
Segne was gewesen ist.

Jörg Zink

Müder Geist, nun kehr zur Ruh
und vergiss der Bilder alle,
schließ die Augen sachte zu,
was nicht Gott ist, dir entfalle.
Schweig in Gott und halt ihm still,
dass Gott wirke, was Gott will.

Nach Gerhard Tersteegen

Ich leg den Tag getrost aus meinen Händen,
und weiß mich ganz in dem, der mich einst schuf, geborgen.
Herr, gib mir Zeit und Ruh und Schlaf bis morgen
und lass mich dann mit Mut den neuen Tag beginnen.

ABENDLIEDER

An Stelle des gesprochenen Wortes kann auch das Abendlied als gesungenes Gebet treten. Gerade die Verbindung von Melodie, Text und Stimme lässt Kinder spüren, dass sie nicht alleine sind, sondern geborgen und geschützt.

Der Mond ist aufgegangen

T: Matthias Claudius 1779
M: Johann Abraham Peter Schulz 1790

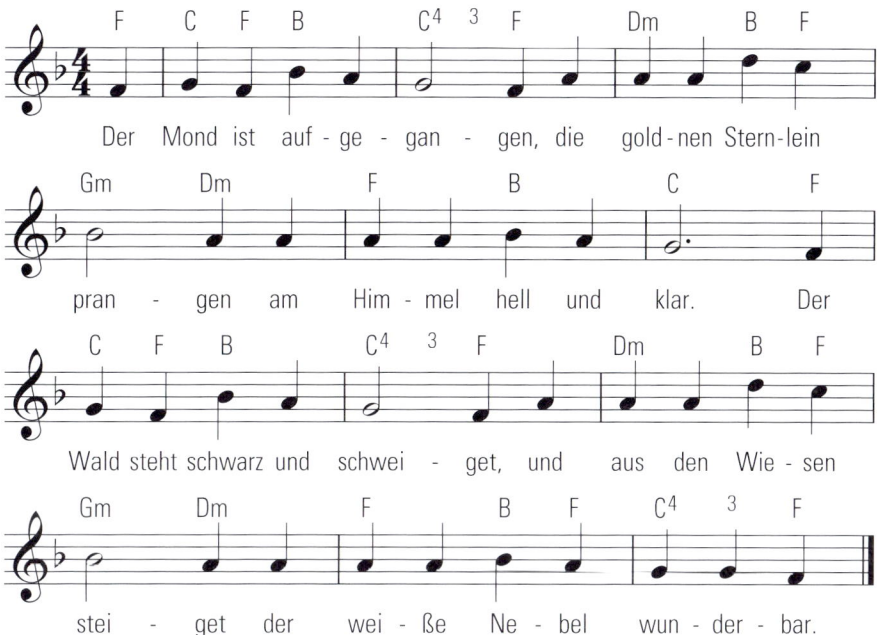

Der Mond ist auf - ge - gan - gen, die gold - nen Stern - lein pran - gen am Him - mel hell und klar. Der Wald steht schwarz und schwei - get, und aus den Wie - sen stei - get der wei - ße Ne - bel wun - der - bar.

Wie ist die Welt so stille
und in der Dämmrung Hülle
so traulich und so hold
als eine stille Kammer,
wo ihr des Tages Jammer
verschlafen und vergessen sollt.

Seht ihr den Mond dort stehen?
Er ist nur halb zu sehen,
und ist doch rund und schön!
So sind auch manche Sachen,
die wir getrost verlachen,
weil unsre Augen sie nicht sehn.

Es leuchten Mond und Sterne

T: Rolf Krenzer; M: Siegfried Fietz
© Abakus Musik, Barbara Fietz, 35753 Greifenstein

Der Tag ist um, die Nacht kehrt wieder

T: Karl Albrecht Höppl 1958 nach dem englischen »The day thou gavest,
Lord, is ended« von John F. Ellerton, © Strube Verlag, München

Wie über Länder, über Meere   tönt stets ein Lied zu Deiner Ehre,
der Morgen ewig weiterzieht,   Dein Lob, vor dem der Schatten flieht.

Abend ward, bald kommt die Nacht

T: Rudolf Alexander Schröder
© Suhrkamp Verlag, Frankfurt am Main
M: Samuel Rothenberg
© Bärenreiter-Verlag, Kassel

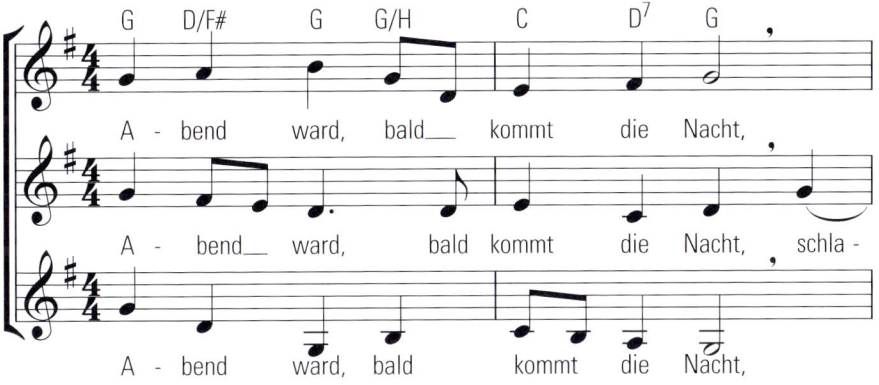

A - bend ward, bald kommt die Nacht,

A - bend ward, bald kommt die Nacht, schla -

A - bend ward, bald kommt die Nacht,

schla - fen geht die Welt; denn sie weiß, es

- fen geht die Welt; denn sie weiß, es

schla - fen geht die Welt; denn sie weiß, es

ist die Wacht ü - ber ihr be - stellt.

ist die Wacht ü - ber ihr be - stellt.

ist die Wacht ü - ber ihr be - stellt.

Du Stern des Abends, halleluja

T: Jörg Zink; M: Hans-Jürgen Hufeisen
© www.hufeisen.com

Jeder hat sein Reisegepäck dabei – Erfahrungen mit dem Beten

Bevor die Reise beginnt, ist es gut, erst einmal zu schauen, von wo aus wir losgehen und was bewusst oder unbewusst in unserem (Lebens-)Gepäck zum Stichwort Beten bereits enthalten ist.

Viele, die dieses Buch in die Hand nehmen, werden in ihrem Leben bereits Erfahrungen mit dem Beten gemacht haben. Für manche ist dies eine gute Grundlage, um von da aus weiter zu gehen. Andere sind mit ihren Erfahrungen unzufrieden und wollen es noch einmal ganz von vorne versuchen oder sie spüren, dass die Reise noch weiter, tiefer gehen kann. Für manche wiederum beginnt hier ein ganz neuer Weg.

Wie dem auch sei, wir können jederzeit mit dem Beten (neu) anfangen, egal wie alt oder wie jung, wie wissend oder zweifelnd, wie religiös wir sind oder nicht.

Ganz gleich, an welchem Punkt unserer Reise mit dem Gebet wir stehen, immer haben wir all unsere früheren Erfahrungen mit im Gepäck. Vielleicht öffnen Sie einmal Ihren Lebensrucksack ein wenig und schauen hinein. Was bringen Sie mit? Gab es bei Ihnen zu Hause Menschen, die gebetet haben? Taten sie es für sich und/oder mit Ihnen? War es einladend, spürten Sie, dass ein Gebet mehr war als nur Worte? Wenn bei Ihnen zu Hause nicht gebetet wurde, wurde dann jemals darüber gesprochen, und wenn ja, wie?

Oder begegnete Ihnen das Gebet außerhalb der Familie, vielleicht im Kindergarten, im Kindergottesdienst, auf Freizeiten, im Religionsunterricht, bei Freunden oder Verwandten? Waren es dann für Sie die anderen, die beteten, oder hat es Sie berührt, mit einbezogen?

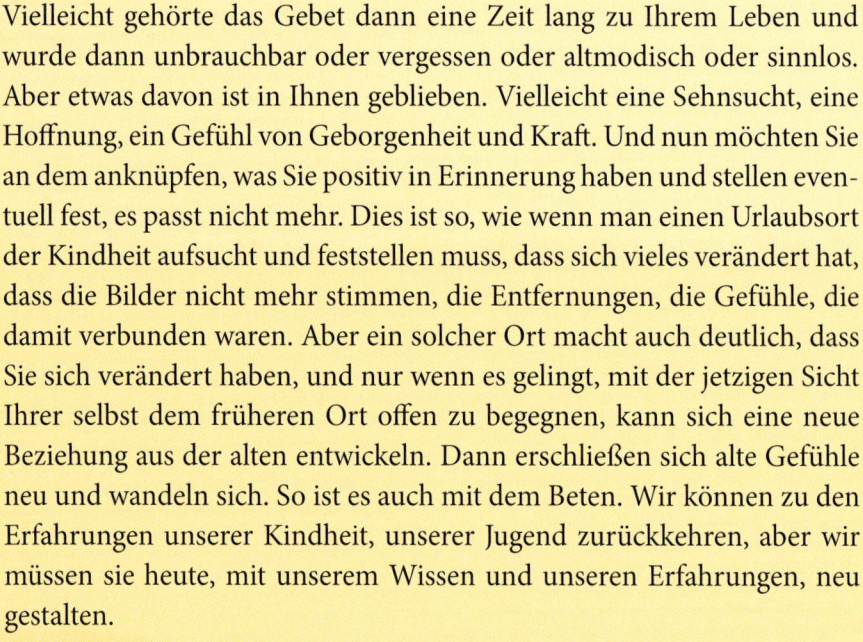

Vielleicht gehörte das Gebet dann eine Zeit lang zu Ihrem Leben und wurde dann unbrauchbar oder vergessen oder altmodisch oder sinnlos. Aber etwas davon ist in Ihnen geblieben. Vielleicht eine Sehnsucht, eine Hoffnung, ein Gefühl von Geborgenheit und Kraft. Und nun möchten Sie an dem anknüpfen, was Sie positiv in Erinnerung haben und stellen eventuell fest, es passt nicht mehr. Dies ist so, wie wenn man einen Urlaubsort der Kindheit aufsucht und feststellen muss, dass sich vieles verändert hat, dass die Bilder nicht mehr stimmen, die Entfernungen, die Gefühle, die damit verbunden waren. Aber ein solcher Ort macht auch deutlich, dass Sie sich verändert haben, und nur wenn es gelingt, mit der jetzigen Sicht Ihrer selbst dem früheren Ort offen zu begegnen, kann sich eine neue Beziehung aus der alten entwickeln. Dann erschließen sich alte Gefühle neu und wandeln sich. So ist es auch mit dem Beten. Wir können zu den Erfahrungen unserer Kindheit, unserer Jugend zurückkehren, aber wir müssen sie heute, mit unserem Wissen und unseren Erfahrungen, neu gestalten.

Vielleicht gehört das Gebet auch bis heute noch zu Ihrem Alltag, ganz selbstverständlich, hat aber an Tiefe verloren, die Worte stimmen nicht mehr oder sind zu viel. Und Sie suchen nach neuen Wegen, die Beziehung zu Gott zu vertiefen. Dann hilft Ihnen vielleicht die Entdeckung, dass Beten ein Prozess ist und sich entwickeln kann.

Oder spielte Beten bisher nie eine Rolle in Ihrem Leben, war Ihnen Religion, die Frage nach Gott, nach etwas, woran Sie glauben könnten, fremd, suspekt, unwichtig, gar nicht vertraut? Dann gab es vielleicht eine Situation, in der Sie ganz spontan Worte und Gedanken fanden, um Ihre Not, Ihre Sorge, Ihre Hoffnung in einen größeren Zusammenhang zu stellen, ohne zu wissen, an wen oder was sie gerichtet waren. Und Sie spürten, dass es Ihnen half, mit der Situation besser klar zu kommen und sind nun auf der Suche nach Anhaltspunkten, wie Sie mehr davon erfahren könnten. Wie auf einer Reise in einem fremden Land.

Wie auch immer, die Erfahrungen, die Sie bis zu diesem Punkt Ihres Lebens mit dem Gebet gemacht haben, beeinflussen Sie auf Ihrem weiteren Weg.

Im Laufe der Zeit wird sich zeigen, was von dem Gepäck wichtig für Sie ist, was Sie auf keinen Fall missen möchten. Wir können oft tief unten (in unserer Kindheit) alte Erfahrungen finden, die uns Mut machen und Vertrauen geben. Anderes können wir vielleicht an einem Punkt unserer Reise auspacken und abgeben und brauchen uns nicht mehr damit zu belasten (Gebete, die uns nichts sagen, Rituale, die nicht stimmen, Gottesbilder, die uns hindern). Dies kann auch für Erfahrungen gelten, die wir noch auf dem vor uns liegenden Weg machen. Manches hat seine Zeit und kann dann mit gutem Gefühl wieder abgelegt werden. Wichtig ist, dass wir uns unseres Gepäckes bewusst sind und ab und zu mal in den Rucksack schauen.

UNSER

TÄGLICHES

BROT

Jesus fuhr mit einem Boot in eine einsame Gegend, um allein zu sein. Aber die Menschen folgten ihm. Da stieg Jesus aus dem Boot, sah die große Zahl der Menschen und er wandte sich ihnen zu und heilte ihre Kranken.

Am Abend traten seine Jünger zu ihm und sprachen: Die Gegend ist öde, die Nacht bricht herein, lass die Leute in die Dörfer ziehen, damit sie gehen und sich zu essen kaufen.

Aber Jesus sprach zu ihnen: Es ist nicht nötig, dass sie fortgehen; gebt ihnen zu essen.

Sie sprachen zu ihm: Wir haben hier nicht mehr als fünf Brote und zwei Fische. Und Jesus sprach: Bringt sie mir her. Und er ließ die Menschen sich auf dem Gras lagern und nahm die fünf Brote und die zwei Fische, sah zum Himmel auf, dankte und brach das Brot und gab es seinen Jüngern. Diese gaben es weiter an die Menschen.

Und sie aßen alle, wurden satt und sammelten auf, was an Brocken übrig blieb, zwölf Körbe voll.

Die aber dort gegessen hatten, waren etwa fünftausend Männer, ohne Frauen und Kinder.

Matthäus 14,13–21

DER ERNÄHRENDE GOTT

Die Geschichte von der Speisung kommt im Neuen Testament siebenmal vor. Es ist die am meisten erzählte Begebenheit, mit der geringsten Wirkung. »Wie bitte?«, werden Sie vielleicht sagen.

In der Zeit Jesu war das Sattwerden ein großer Wunsch und die Sehnsucht und Hoffnung der armen Leute. Die Realität für die absolute Mehrheit der Leute war der Hunger. Und Jesus setzt in diesen Geschichten ein Zeichen: Er will, dass die Menschen satt werden. Genau dies ist der Wille Gottes. Alle Menschen sollen satt werden können.

»Und warum macht Gott dann nicht alle Menschen satt?«, fragen die Zeitgenossen dann gerne.

Und ich antworte: »Dies macht Gott doch. Diese Erde, seine Schöpfung, kann alle Menschen satt machen und ernähren. Die Grundbedingungen dafür sind gegeben.«

Gott schafft in seiner Schöpfung die Bedingungen und Möglichkeiten, dass alles Leben satt werden und gut aufgehoben sein kann. Die Verwirklichung liegt in der Freiheit und in der Verantwortung der Menschen. Alles andere ist Ausrede! Gott will damals wie heute, dass alle satt werden. Nehmen wir unsere großartigen Möglichkeiten wahr.

EINSTIMMUNGEN ZUM ESSEN

Gesegnete Mahlzeit!

≈

Vater, segne diese Speise,
uns zur Kraft und dir zum Preise!

≈

Lasst uns nicht vergessen
vor dem Essen
zu danken für alles,
was du uns gegeben:
Brot und Leben.

Der Tisch ist gedeckt. Ob mit wenig oder viel – meist wird es bei uns eher genug sein, um satt zu werden. Die Augen wecken die Vorfreude: Gleich werden wir schmecken, was wir sehen.
Vielleicht halten wir aber noch einen Moment inne und erinnern uns: Die Erde gibt uns alles, was wir brauchen. Es sind Geschenke unserer Erde, die wir essen.
Und dann fallen uns vielleicht auch noch die Menschen ein, die die Früchte angebaut, gepflegt, geerntet und verarbeitet haben, bis wir sie so vor uns stehen haben.

Gott, ich danke dir, dass ich etwas zu essen habe.
Ich danke dir auch, dass so viele Leute mithelfen,
damit ich leben kann.

Albert Biesinger

Der Tisch ist gedeckt.
Segne alle, die dieses Essen bereitet haben,
und lass es uns zum Segen werden.

Du hast uns mit Leib und Leben beschenkt
und hast uns zu Essen gegeben.
Du, Vater, der die Sterne lenkt,
lenke auch unser Leben.

Thomas Moore

Jedes Tierlein hat sein Essen,
jedes Blümlein trinkt von dir,
hast auch unser nicht vergessen,
guter Gott, wir danken dir.

Gott schuf die Erde und dich und mich,
er schuf die Pflanzen, die Tiere, den Fisch
so wollen wir mit Freude und Dank jetzt essen
und auch die anderen nicht vergessen.

Volksgut

»Unser tägliches Brot gib uns heute« ist die zentrale Bitte aus dem Vater-unser. Ohne Essen – und Brot steht für alle Nahrung – können wir nicht leben. Es ist schon merkwürdig mit uns Menschen: Wenn wir wenig haben, schmeckt uns das einfachste Essen und macht uns satt und auch das Danken fällt uns leichter. Wenn es von allem reichlich gibt, mögen wir dies nicht und das nicht, werden wir wählerisch und klagen über das, was gerade fehlt.

Oder es ist so selbstverständlich, dass wir die vergessen, die dafür gearbeitet haben und auch die, die nicht genug haben.

Deshalb ist jeder gedeckte Tisch, jeder kleine Imbiss eine Erinnerung daran, dass es ein Grund zum Danken ist, wenn wir genug zum Essen haben.

Dir sei, o Gott, für Speis und Trank,
für alles Gute Lob und Dank.

Traditionell

Tischgebete sind oft ein Anlass dafür, dass Menschen des Gebetes über-drüssig werden oder geworden sind. Immer die gleichen Gebete, schnell dahingesagt, eine Pflichtübung und keine Herzensangelegenheit. Das ist schade und muss nicht so sein.

Vielleicht können und müssen auch Gebete mitwachsen. Kleine Kinder haben Freude an der Wiederholung und so reichen zwei, drei Gebete zu-nächst aus, um vor und nach dem Essen daran zu erinnern, das unser Essen ein Geschenk ist, für das wir danken können.

Später können weitere Gebete dazu kommen und wenn die Kinder noch größer werden, können sie eigene Gebete finden oder auch spontan in Worte fassen, woran sie beim Anblick des Essens denken und wofür sie danken oder bitten wollen.

Ein liebevoll vorbereitetes Essen soll auch mit Liebe verzehrt werden. Ein Moment der Stille lässt uns aufmerksamer werden und wertschätzen, was vor uns steht. Und wenn der Hunger gar zu sehr drückt und die ganze Aufmerksamkeit schon beim Essen ist, dann können wir uns trotzdem noch an den Händen fassen und uns eine »gesegnete Mahlzeit« wün-schen. Der Dank ist dann nach dem Essen vielleicht angemessener.

DANK UND BITTE

Mittagsgebet

Mitten am Tag
in den Himmel greifen
mit kurzen Armen
aber immerhin
ins Jenseits von Zeit Zweck und Ziel
ein flüchtiger Blick
immerhin

Mitten am Tag
das Andere gelten lassen
essen und nicht vergessen
wer es gemacht hat
lachen und beten
mit eiligem Mund
aber immerhin

Carola Moosbach

Über das eigene Essen wollen wir die nicht vergessen, die zu wenig haben.
So können wir zum einen den Dank mit einer Fürbitte verbinden, zum
anderen uns immer wieder selbst bewusst machen, dass es auch an uns
liegt, ob das Essen dieser Welt für alle reicht oder nicht.
Auch können wir schon beim Einkauf darauf achten, woher das Essen
stammt und ob es das Leben der Menschen dort fördert oder behindert.
Fairer Handel und Beten gehören zusammen.
Und wir können immer wieder darauf achten, dass wir Reste vermeiden
oder verwerten. Uns graust es oft, wenn wir zum Beispiel sehen, was bei

Essen vom Buffet auf Tellern gestapelt wird, dann zurückgeht und später weggeworfen wird. Wir haben in unserer Familie eine einfache Regel: Jeder darf selbst nehmen bzw. sagen, was und wie viel er will, aber dann wird der Teller leer gegessen. Reste werden bei der nächsten Mahlzeit mit verbraucht.

So gedenken wir auch derjenigen, die zu wenig zu essen haben. Wir können diese Menschen in unser Gebet einschließen:

Unser tägliches Brot gib uns heute –
Herr, nicht nur uns.

≈

Gott, überall sind Menschen am Tisch.
Manche haben viel,
für andere reicht es kaum.
Wir teilen jetzt untereinander
das Brot, das Essen, das Trinken.
Wir möchten lernen, mit vielen zu teilen.

≈

Wir wollen danken für unser Brot,
wir wollen helfen in aller Not,
wir wollen schaffen, die Kraft gibst du,
wir wollen lieben, Herr, hilf dazu. Amen.

≈

Jesus, du hast mit den Menschen Essen und Trinken geteilt.
Ich möchte auch teilen,
aber oft fällt mir Verschenken schwer.
Ich möchte es lernen.

LIEDER UND GESUNGENE GEBETE

Auch Lieder können Tischgebete sein und haben den Vorteil, dass Rhythmus und Klang die Worte tragen.

Alle guten Gaben

T und M: mündlich überliefert

Al - le gu - ten Ga - ben, al - les, was wir ha - ben,
kommt, o Gott, von dir, wir dan - ken dir da - für!

Der folgende Text kann auf die Melodie des Taizé-Liedes »Confitemini domino« gesungen werden (Noten unter www.taize.fr):

Aus dem Reichtum deiner Fülle, schöpfen wir, Herr, Tag für Tag,
Aus dem Reichtum deiner Fülle, halleluja!

Wer es schwungvoller mag, kann das folgende Gebet nach der Melodie von »Hejo, spann den Wagen an« singen:

Hejo, kommt doch alle her,
seht der Tisch ist voll von gutem Brot.
Gott schenkt uns das Essen, Gott schenkt uns das Leben!

Auch der Refrain des Erntedankliedes »Wir pflügen und wir streuen« eignet sich gut (Noten siehe Seite 202):

Alle gute Gabe kommt her von Gott dem Herrn,
drum dankt ihm, dankt und hofft auf ihn.

Fragen und Antworten zum Land des Betens

TEIL 1 – ANNÄHERUNG AN DAS BETEN

In Gesprächen rund um die Themen Gebet und Beten begegnen wir oft ähnlichen Fragen. Einige davon wollen wir hier aufnehmen und uns so dem Beten annähern. Die Fragen können Sie, liebe Leserin und lieber Leser, zu sich selbst in Beziehung setzen und wir können unsere Antworten einbringen.

Was ist Beten?

Gehen wir einmal davon aus, dass es so etwas wie eine »Beziehungskiste« zwischen Gott und den Menschen gibt. Bevor Sie das Wort »Beziehungskiste« zu kritisch betrachten, will ich es erläutern. Umgangssprachlich steht das Wort »Beziehungskiste« für nicht ganz einfach zu durchschauende Beziehungen. Und um genau so eine Beziehung geht es zwischen Gott und Menschen.

Eine Beziehung, gerade eine nicht ganz klare Beziehung, will gepflegt sein. Diese Pflege, dieses Miteinander, dieses Verstehen und Nichtverstehen, dieses Geliebtwerden und das Misstrauen braucht Ausdruck in Worten, in Gesten, in Gebärden, in Gefühlen, im Schweigen – und diesen Ausdruck nennen wir Beten. Beten ist das Pflege- und Kontaktmittel in der Beziehung zu Gott.

Dabei geht das Gebet nicht nur von den Menschen aus. Bei Henri J. M. Nouwen finden wir einen vielleicht sehr überraschenden Satz: »Ich bin zutiefst davon überzeugt, dass die Notwendigkeit zu beten, und unablässig zu beten, nicht so sehr auf unserem Verlangen nach Gott wie auf dem Verlangen Gottes nach uns gründet.« Gott kommt uns entgegen und wir können seine Einladung annehmen und uns ihm zuwenden.

Wenn wir im Gebet in eine Beziehung zu Gott eintreten, gilt dabei die Grundregel jeder Beziehung: Jede Beziehung ist einzigartig und will einzigartig gestaltet werden. Und wie jeder Mann und jede Frau ihre Beziehung zu Gott auf je eigene Weise pflegt, so wird auch ihr Gebet ganz persönlich geprägt sein und in der Beziehung Gestalt gewinnen. Deshalb ist dieses Buch auch nur ein Kursbuch, es gibt Anregungen, zeigt Möglichkeiten, aber den Kurs, die Richtung bestimmen Sie letztlich selbst. Nehmen Sie aus diesem Buch auf, was Sie fördert – hin zu Gott und sich selbst!

Ist Beten immer, überall, ohne Bedingungen, ohne Kenntnisse möglich?

Die Antwort ist einfach: Ja, ohne wenn und aber!
Wenn der innere Impuls da ist, braucht es keine Anleitung, kein Buch, keinen bestimmten Ort. Viele denken, dass die Worte, die sie dann finden, nicht gut genug oder nicht richtig sind, oder dass es einer bestimmten äußeren Form bedarf. Dies ist nicht wichtig. Wesentlich ist allein der Wunsch und die Bereitschaft, sich dem, was mehr ist als ich, zuzuwenden. Beten ist so immer und überall möglich.

Warum fällt es vielen schwer zu beten?

Beten geschieht im Rahmen der eigenen Lebens- und Glaubensgeschichte, deshalb steht uns oft einiges im Wege, was uns am unvoreingenommenen Beten hindert.
Auch ist Beten mit unseren Gottesbildern, mit unserem Glaubensverständnis und mit unserer jeweiligen Lebensphase verbunden.

Es ist uns klar, dass wir als Kinder anders beten können als Erwachsene, nicht besser, nicht schlechter – aber anders.

So kann sich durch die bewusste Auseinandersetzung mit der eigenen Gebetspraxis sowohl unser Gebet, unser Glauben als auch unsere Gottesvorstellung verändern und intensivieren.

Steht das Be-Denken des Betens nicht dem Beten selbst im Wege?

Dies ist eine bei manchen herrschende Meinung: »Wenn man über das Beten nachdenkt, kann man nachher nicht mehr beten.« Die Erfahrung lehrt uns anderes.

Natürlich kann das Beten reflektiert werden, ohne dass es Substanz verliert. Beten kann Denken, Aufklären, Erkenntnis mit und durch und vor Gott sein. Unser Verstand ist uns nicht gegeben, damit wir ihn beim Gebet abgeben müssen. So möchten wir auch einladen, die Gabe des Verstandes nicht auszuschalten, denn Beten setzt nicht voraus, dass wir nicht denken, fragen und reflektieren. Allerdings sollten wir das Nachdenken über das Gebet nicht mit dem Gebet selbst verwechseln.

Um was geht es denn im Gebet?

Um das Leben. Um unseres und um das der anderen. Alles, was uns bewegt, kann Inhalt unseres Gebetes sein. Was uns freut, was uns ärgert, wofür wir danken, worunter wir leiden, worauf wir hoffen und wo wir die Hoffnung aufgeben. Im Gebet teilen wir unser Leben mit Gott wie mit einem Freund, ob im Reden oder Schweigen, und trauen ihm zu, dass es eine Wirkung hat, die uns und andere verändern kann.

**Mir ist bei manchen Gebeten unwohl. Darf ich alles,
wirklich alles ins Gebet aufnehmen?**

Diese Frage taucht in Gesprächen auf, sobald es intensiver wird. Nicht
nur mir bereiten manche Gebete ein Missbehagen, manchmal kommen
sie mir wie Pflicht vor oder wie Selbstzweck. Manchmal habe ich auch
den Eindruck, hier betet jemand, ohne wirklich zu Gott zu beten, sondern er wendet sich mit seinen Worten an die Mitmenschen. Da wird das
Gebet zu einem moralischen Anspruch an andere Menschen, den man
sich sonst nicht auszusprechen traut.
Auch sonst gibt es eine Grenze im Gebet – und ich denke, dass Folgendes
für den ganzen christlichen Glauben gilt: Ein Gebet soll und darf niemandem Schaden zufügen. Gebete sind Gottesmissbrauch (siehe hierzu auch
die nächste Frage), wenn sie anderen Schaden bringen sollen. Dies gilt
zum Beispiel für Gebete, die um den Sieg in einem Krieg bitten, die Unheil für andere herbeiwünschen. Wer mit Gebeten seine Macht erweitern
und festigen will, missbraucht das Gebet. Es ist nichts anderes als Missbrauch der göttlichen Wirklichkeit für eigene Zwecke. Leider haben die
Kirchen dabei oft genug mitgewirkt. Dieser Gottesmissbrauch ist Schuld.
Und dies muss benannt werden. Es ist aber vor allem Schuld den Menschen gegenüber, die durch diese Gebete in eine Haltung des Hasses und
der Feindschaft hineingeführt werden. Gott lässt sich davon nicht vereinnahmen.
In anderen Situationen ist ein Gebet, das um die Vernichtung anderer
bittet, schon verständlicher. Missbrauchte, geschlagene und verzweifelte
Menschen haben schon in den Psalmen, in Zeiten der Verfolgung, um das
Ende der Peiniger gebetet. Für sie war die Sehnsucht nach Erlösung mit
dem Tod der anderen verbunden. Es kommt so auf den Betenden, seine
Lage und seine Absicht an, wann Gebete Missbrauch werden. Wer leidet
und um Befreiung sucht, der sitzt in einem anderen Boot. Der kann, soll
und muss klagen und kann alles, aber auch alles mit Gott teilen. Die Antwort aber können wir nicht bestimmen.

Nachfrage: Gibt es nicht überholte und tragische, ja schlimme Gottesbilder?

Ja, sie gibt es und sie sind von Menschen gemacht und gedacht. Manchmal waren diese Gottesbilder bestimmt durch fanatischen Glauben (z.B. Gott will Kreuzzüge), manchmal war dies reine Machtgier (z.B. König aus Gottes Gnaden, Gott will Krieg), manches ist zeitbedingt zu erklären (z.B. Gott straft/Todesstrafe), manches war schlimme und schwarze Pädagogik, die das Kind kontrollierte (z.B. Gott sieht alles). Christlicher Glaube und damit Gott ist nicht dagegen gefeit, von Menschen für eigene Zwecke und auch aus Dummheit missbraucht zu werden. Dies geschah und geschieht immer wieder und dagegen müssen wir uns wehren. Letztlich ist dies die wahre Gottesvergiftung: Menschen benutzen und missbrauchen Gott und schädigen damit ein heilsames Leben anderer.

Der Satz, den wir unlängst in der Zeitung lasen: »Jeder missbraucht doch Gott nur, wenn er betet. Er benutzt Gott für eigene Zwecke, sei es für seinen Krieg, seine Religion, seine Wünsche« ist kein schlechter Hinweis, das eigene Beten auf Zweckentfremdung hin zu überprüfen.

SCHÖPFUNG

UND NATUR

Die Menschen waren zu allen Zeiten darauf angewiesen, zu säen und zu ernten. Sie bestellten ihre Gärten und Äcker, sie pflegten die Weiden der Tiere, sie sammelten die Früchte der Bäume und Sträucher und sie gingen zur Jagd. Sie gingen ihrer Arbeit nach.

Es gab Jahre, da ernteten sie gut, da wuchs das Vieh prächtig und die Früchte waren zahlreich. In anderen Jahren waren die Erträge knapp, reichten nur mit Mühe zum Überleben. Gerade weil es nicht sicher war, wie viel sie immer zum Leben haben würden, waren die Menschen dankbar für das, was sie hatten. Sie gingen davon aus, dass der Urgrund allen Lebens jedes Leben persönlich will, schützt und bewahrt.

Dafür dankten sie Gott, feierten seit Urzeiten Feste und tanzten und sangen. Im Psalm 104 ist dies so ausgedrückt:

Lobe Gott, meine Seele, du Gott bist sehr herrlich,
du bist schön und prächtig geschmückt.
Licht ist das Kleid, das dich umhüllt.
Du bewirkst, dass Wasser in den Tälern quellt,
dass die Wasser zwischen den Bergen dahin rauschen,
dass die gehüteten Tiere davon trinken können
und dass das Wild seinen Durst löschen kann.
Darüber sitzen die Vögel im Himmel
und singen unter den Zweigen.
Du lässt es regnen auf die Berge
und schenkst dem Land Früchte.
Das Gras wächst für das Vieh
und die Saat reift für den Menschen,
so bringt die Erde das Brot hervor
und der Wein erfreut des Menschen Herz.
Das Öl verschönert das Gesicht des Menschen
und das Brot stärkt sein Herz.

Nach Psalm 104

DER ALLES BEWIRKENDE GOTT

Der Mensch bedankt sich bei Gott und geht davon aus, dass alles Leben von Gott bewirkt ist, auch das eigene. Im Menschen gibt es immer die Spannung zwischen dem, was Gott bewirkt, und dem, was Menschen selbst leisten. Diese Spannung geht soweit, dass es Menschen gibt, die sagen: Es gibt keinen göttlichen Urgrund, der Leben bewirkt. Das Leben ist ein Zufall und vieles ist erklärbar, wir müssen keiner göttlichen Wirklichkeit danken und wir sind ihr auch nichts schuldig. Wir sind unsere eigenen Schöpfer.

Wir teilen diese Einstellung nicht. Wir erfahren in unserem Leben immer wieder, dass es hinter allen Dingen ein großes Mehr gibt, das uns selbst übersteigt. Es gibt für uns eine Wirkkraft, die gut ist und Gutes bewirken will. Daran muss man nicht glauben, diese Wirkkraft kann der Mensch erfahren und prüfen. Auch davon erzählt dieses Buch.

Der Sinn: Das Danken tut dem Menschen gut, danken öffnet dem Menschen den Blick für alles, was er geschenkt bekommt. Nichts ist selbstverständlich, vieles ist wunderschön. Im Danken weist und lebt der Mensch über sich hinaus. Der Mensch wendet sich der göttlichen Wirklichkeit in all ihren Facetten zu, er sieht die Schöpfung mit anderen Augen und Dank wird zu einer inneren Haltung, die die Schönheit wertschätzt und die Verantwortung für das Leben ernst nimmt.

ZUR EINSTIMMUNG UND ZUM GEBET

Laudato si, o mi signore!

nach dem Sonnengesang des hl. Franziskus von Assisi
dt. Text: Winfried Pilz
© Verlag Haus Altenberg, Düsseldorf
M: mündlich überliefert aus Italien

Nicht nur Kinder lieben dieses Lied, diesen Lobpreis, der auch von der Melodie her ein Jubelruf ist. Viele Menschen sagen ja, dass sie Gott in der Schöpfung eher finden als etwa in anderen Menschen oder gar in sich selbst.

Der Anblick eines blühenden Baumes in der Frühlingssonne, das Flirren der Sommerhitze über gemähten Wiesen, der Geruch von frischem Heu, der aufsteigende Nebel vor den Bergen, über denen die Sonne aufgeht, die klare Luft über unberührtem Schnee, das Geräusch der Wellen am Meer – jeder Ort und jede Jahreszeit haben ihre Schönheit, und in dieser Schönheit spiegelt sich die Schönheit der ganzen Schöpfung wider und berührt unser Innerstes. »Und siehe, es war gut«, endet das große Schöpfungsgedicht am Beginn der Bibel im Buch Genesis.

Es gibt Momente, da können wir in der Betrachtung der Natur alles andere vergessen. Dann ahnen, spüren wir ihren Zauber und lassen uns von ihr berühren. Gerade in den Morgen- oder Abendstunden, wenn die Alltagsgeräusche noch oder wieder schweigen, begegnet uns die Natur in ihrer Ursprünglichkeit.

Was für ein Wunder diese Erde,
was für ein Geschenk diese Welt.
Wäre ich ein Baum, wäre jedes Blatt ein Lobgesang,
wäre ich ein Bach, sprudelte ich voll Freude,
wäre ich Gras, wiegte ich mich im Wind, atmete deinen Geist.
Ich bin ein Mensch, mein Gott, wie kann ich dich loben?

Manchmal möchte ich dann einfach die Arme ausbreiten und singen:

Erd und Himmel sollen singen,
vor dem Herrn der Herrlichkeit,
alle Welt soll hell erklingen,
loben Gott zu dieser Zeit. Halleluja.

Paul Ernst Ruppel

Wir danken dir, Schöpfer und Gott,
dass du uns diese Freude
an deiner Schöpfung,
das Entzücken über die Werke
deiner Hände geschenkt hast.

Johannes Kepler

BETEN FÜR DIE SCHÖPFUNG

Auf einer kleinen Insel im Westen Schottlands steht die Kirche, die Ursprung und Name einer ökumenischen Kommunität ist. Alle Mitglieder der Kommunität feiern ihre Gottesdienste nach einer Liturgie, deren Texte auch in deutscher Sprache vorliegen. Die gesamte Liturgie der so genannten Iona-Kommunität ist schöpfungsorientiert und so finden wir dort viele Texte zum Gebet mit und für die Schöpfung. Nicht immer müssen es Worte der überschäumenden Freude sein. Der folgende Text ist der Beginn der Morgenliturgie. Mit diesen Worten kann ich sowohl als Einzelner als auch mit mehreren im Wechsel für die Schöpfung beten.

Am Anfang schuf Gott die Welt:
Schuf sie und zog sie auf, formte sie und hielt zu ihr,
füllte sie mit Samen und Zeichen der Fruchtbarkeit,
füllte sie mit Liebe und die Menschen mit Begabung.

Alles, was grün, blau, tief ist oder wächst:
Durch Gottes Hand bist du geschaffen.

Alles, was zart, fest, duftend oder eigenartig ist:
Durch Gottes Hand bist du geschaffen.

Alles, was kriecht, fliegt, schwimmt, geht oder reglos ist:
Durch Gottes Hand bist du geschaffen.

Alles, was spricht, singt, weint, lacht oder schweigt:
Durch Gottes Hand bist du geschaffen.

Alles, was leidet, mangelt, hinkt oder am Ende ist:
Durch Gottes Hand bist du geschaffen.

Die Welt gehört Gott.
Die Erde und alle ihre Menschen gehören Gott.

Aus der Liturgie der Iona-Kommunität

Doch nicht immer ist uns im Anblick der Schöpfung zum Jubeln zumute. So wie ich über die Schöpfung staunen und jubeln kann, so kann ich auch mit ihr leiden.

Da sind die toten Tiere am Straßenrand, stinkende Abfallhalden, herausgerissene und zertrampelte Pflanzen, abgeholzte und verbrannte Wälder, Ölschlieren auf dem Wasser, vertrocknete Felder, Seen, deren Ufer Fußmärsche vom Wasser entfernt sind, vertrocknete und vergiftete Brunnen, zubetonierte Erde und vieles mehr.

Noch einmal lädt uns ein Text der Iona-Liturgie ein, uns im Gebet diesem Leid und unserer Verantwortung zu stellen:

Gott,
deine fruchtbare Erde wird mehr und mehr
ihres Reichtums beraubt –
Lasst uns die Augen davor nicht verschließen!

Deine lebendigen Wasser ersticken langsam an Chemikalien –
Lasst uns die Augen davor nicht verschließen!

Gott, deine reine Luft wird mehr und mehr verschmutzt –
Lasst uns die Augen davor nicht verschließen!

Gott, langsam stirbt deine Schöpfung und dein Volk leidet –
Lasst uns die Augen davor nicht verschließen!

Gott, bewege uns doch durch das Wunder deiner Schöpfung,
dass wir umkehren und uns mehr um sie sorgen.

So bewege uns doch, über den Verlust des Lebens zu trauern,
dass wir lernen, deine Welt pfleglich zu behandeln und zu schützen.

Aus der Liturgie der Iona-Kommunität

Wasser, lebendig und Leben schaffend,
vergeudet und ausgeplündert,
ich bitte dich um Verzeihung,
jeder Tropfen soll mich erinnern,
wie wertvoll du bist.

Erde, nährend und schützend,
zerstört, ausgelaugt und zubetoniert,
ich bitte dich um Verzeihung,
jeder Stein, jeder Flecken Erde
soll mich erinnern,
wie wertvoll du bist.

Luft, belebend und verbindend,
vergiftet und krankmachend,
ich bitte dich um Verzeihung,
jeder Atemzug soll mich erinnern,
wie wertvoll du bist.

Feuer, wärmend und licht,
entfesselt von Menschenhand,
ich bitte dich um Verzeihung,
jeder Sonnenstrahl soll mich erinnern,
wie wertvoll du bist.

Gott, Schöpfer und Bewahrer,
verneint und vergessen,
ich bitte dich um Verzeihung,
jeder Mensch soll mich erinnern,
wie wertvoll und nahe du bist.

In einer kleinen Andacht können wir unsere Verbundenheit mit der Schöpfung bedenken und Kraft schöpfen für einen verantwortungsvollen Umgang mit ihr:
Je eine Schale mit Wasser, Erde, einer Feder und einer Kerze stehen vor uns stellvertretend für alles Leben. Zum Text auf Seite 73 heben wir zu jeder Strophe die entsprechende Schale hoch und reichen uns bei den letzten Worten die Hände.

Wenn ich am Anfang schrieb, dass viele Menschen eher in der Natur einen Zugang zu Gott finden als in sich, so ist es doch nur ein kleiner Schritt, bis auch dies sich uns erschließt: Wir sind Teil der Schöpfung, wir stehen nur vermeintlich außerhalb. Wenn wir Gott für die Natur loben, so schließt dies uns ein, wenn wir über die Zerstörung klagen, so schließt dies uns ein.
Noch einmal möchte ich die Chance und die Beschränkung die in dieser Gewissheit liegen, in zwei Texten aufnehmen. Bei Franz-Xaver Jans-Scheidegger finden wir die folgenden Worte, die Einladung und Zusage zugleich sind:

Du bist eine Blume in MEINER Schöpfung,
leise in der Öffnung,
strahlend in deiner Offenheit.
Durch dich strömt der Hauch MEINES göttlichen Atems.
Du leuchtest auf im Glanz MEINER Fülle.
Oh Mensch, Abbild MEINER Schönheit,
weißt du, welche Blume du bist?
Wann beginnst du zu blühen,
du, MEIN Ebenbild?

Franz-Xaver Jans-Scheidegger

Es steht fest:
Die Erde gehört uns nicht, wir gehören zu ihr.

Es steht fest:
Alles ist miteinander verbunden,
wie Blut die Verwandtschaft verbindet.

Es steht fest:
Wir weben nicht selbst das Netz des Lebens,
wir sind nur ein Faden daran.

Lasst uns danken für das Geschenk der Schöpfung.
Lasst uns danken: Alles ist in Christus vereint.

Aus der Schöpfungsliturgie der Iona-Kommunität

Fragen und Antworten zum Land des Betens

TEIL 2 – BETEN LERNEN

Wie kann man beten lernen?

Kann ein Mensch anderen Menschen Auto fahren beibringen, ohne selbst Auto fahren zu können? Natürlich nicht, werden die meisten antworten, obwohl es ja auch nicht ganz ausgeschlossen ist.

Ähnlich ist es beim Beten. Wer nicht selbst betet, wer selbst skeptisch ist, hat es schwerer, anderen Menschen zu vermitteln, dass und wie sie beten können, als ein Mensch, für den Beten selbstverständlich ist.

So lernen Kinder intensiv und »normal« beten, wenn sie einfach mit Beten aufwachsen und dabei spüren, dass dem anderen Menschen, zum Beispiel den Eltern, den Großeltern, der Erzieherin oder dem Lehrer, dies eine Herzensangelegenheit und keine religiöse Pflicht ist.

Uns haben immer solche Menschen beeindruckt, die einfach beten. Ein Beispiel, das wir nie vergessen haben: Zum Jubiläumsgeburtstag eines Onkels war viel Prominenz erschienen und man (besonders Mann) saß lange nach dem Essen zusammen. Alle Versuche unserer Tante, den Tisch abzuräumen, misslangen. Ganz im tiefen Ernst sagte die Tante da: »Wir beten.« Alle schwiegen sofort. Unsere Tante fuhr fort: »Lieber Gott, wir danken dir, sonst sitzen wir um halb vier noch hier.« Erst gab es einen

Augenblick betretenes Schweigen, dann befreiendes Lachen und schließlich wurde alles zusammengeräumt. Wenn Kinder so selbstverständlich und auch humorvoll Beten erfahren – und Beten war meiner Tante eine Selbstverständlichkeit und auch in dieser Situation keine Farce, sondern Ausdruck ihrer Not –, dann können sie sich auf den Weg des Gebets einlassen.

Beten ist »learning bei doing«, lernen am Vorbild, aber nicht am äußeren Geschehen und an Äußerlichkeiten, sondern an der und aus der Echtheit.

Was muss ich Kindern erzählen, sagen, bevor ich mit ihnen beten kann?

Wie gesagt, kommt es mehr auf die eigene innere Haltung an als auf viele erklärende Worte. Gerade bei ganz kleinen Kindern brauchen Sie gar keine Erklärungen, sondern einfach den Mut, anzufangen. Vielleicht mit Worten, die Sie in diesem oder anderen Büchern finden. Nach aller Erfahrung ist es am einfachsten, mit dem Abendgebet anzufangen. Vor allem unter den Stichwörtern Abendgebet, Morgengebet, Essen und Klage finden Sie Anregungen für das gemeinsame Gebet mit Kindern.

Was ist aber, wenn ein erwachsener Mensch selbst mit dem Beten nicht vertraut ist, mit Kindern zusammen jedoch einen Weg suchen möchte? Auch dann gibt es nur die Möglichkeit, einfach anzufangen. Vielleicht gibt es aber jemanden, der den Weg mit Rat und offenem Ohr begleitet.

Muss ich zum Beten in der Bibel lesen?

Das Gebet wird sicherlich sowohl bei den Kindern als auch bei den Erwachsenen irgendwann die Frage nach Gott aufwerfen. Vielleicht haben Sie durch die in diesem Buch eingestreuten Beispiele zu den Gottesbildern der Bibel entdeckt, wie spannend die Bibel ist. So könnte es durchaus ein weiterer gemeinsamer Schritt sein, den Kindern eine Kinderbibel erst vor- und dann gemeinsam mit ihnen zu lesen. Da die Texte dort um der besseren Verständlichkeit willen oft gekürzt und zusammengefasst sind, ist ein Vergleich mit einer Vollausgabe der Bibel anregend und führt zu einem tieferen Verständnis.

Wenn Sie als Erwachsener mit dem Beten beginnen, können Sammlungen mit kurzen Bibeltexten für jeden Tag anregend und hilfreich sein. Vielleicht werden Sie auch darüber neugierig und möchten wissen, aus welchem Zusammenhang das eine oder andere Wort stammt und lesen in der Bibel nach.

Wem dies noch zu fremd erscheint, dem sei das Buch von Jörg Zink »Die Urkraft des Heiligen – Christlicher Glaube im 21. Jahrhundert« als gute Einführung in den christlichen Glauben, ins Gebet und in die Bibel empfohlen.

Setzt Beten Glauben voraus?

Wenn Glauben »für wahr halten« heißt, dann nein.

Der Wunsch zu beten entsteht oft aus der Sehnsucht, sich mit dem umfassenden, grundlegenden Sein allen Lebens zu verbinden. Oder aus dem Vertrauen, dass es diesen Grund gibt. Meist haben wir nämlich im Leben bereits Erfahrungen gemacht, die uns einen Geschmack der Gegenwart Gottes gegeben haben – in Momenten tiefen Glücks, großer Ergriffenheit, grenzenlosen Staunens. Oder wir haben im Leben anderer die Kraft gespürt, die ihr Vertrauen in Gott ausstrahlte! Und wer zweifelt und den Erfahrungen nicht traut, betet vielleicht in der Hoffnung, durch das Beten Vertrauen zu gewinnen.

Wenn Glauben vertrauen, hoffen und lieben heißt, kann der Mensch durch das Gebet wachsen.

Ist Beten eine Pflicht und ein Muss?

Nein und abermals nein! Beten ist keine Pflicht, sondern eine Möglichkeit. Eine wunderbare Möglichkeit, die über uns selbst hinausführt. Es gibt in jeder Beziehung wichtige Wege, um miteinander in Kontakt zu kommen und nicht den Kontakt zueinander zu verlieren. Wer nicht miteinander spricht, sich nicht berühren lässt, nicht im Kontakt miteinander bleibt, der gefährdet die Beziehung. Insofern ist die Beziehung zwischen Gott und den Menschen auch schwieriger, wenn Beten nicht geschieht. Der Kontakt zueinander wird dann schwächer, aber daraus wird keine Pflicht. Wertvoller ist es, den Mangel in einer Beziehung zu spüren und Lust zu haben, diesen Mangel wieder auszugleichen.

Lust zum Beten und Motivation zur Beziehung zu Gott sind etwas ganz anderes als eine Pflichtübung. – »Ich dachte immer, wenn ich nicht bete, dann bin ich ein schlechter Mensch!« Diesen Satz hören wir nicht selten in Einzelgesprächen bei Seminaren. Beten wird zur Pflicht, zur Leistung, und wer nicht betet, ist ein schlechter Mensch und kein Christ! Hier werden Beten und schlechtes Gewissen zusammengeführt. Eine unheilvolle Allianz entsteht.

So werden Schuldgefühle gegenüber Gott aufgebaut und vertieft, der betroffene Mensch fühlt sich leicht als Versager und minderwertig. Oder der Mensch wird wütend auf Gott und die Welt, weil sie ihn klein und hilflos macht. Beten braucht Freiheit, eigene Entscheidung und bedarf keiner moralischen Bewertung. Niemand ist ein guter Mensch, wenn er betet und ein schlechter, wenn er nicht betet. Sondern: Egal wie wir sind und uns empfinden, beten kann, darf und soll immer möglich sein, dazu sind wir eingeladen, nicht verpflichtet.

> *Gott ist ein Gott der Gegenwart.*
> *Wie er dich findet, so nimmt und empfängt er dich,*
> *nicht als das, was du gewesen,*
> *sondern als das, was du jetzt bist.*
>
> Meister Eckhart

SCHWELLEN-
RITEN UND

LEBENS-
ÜBERGÄNGE

Stell dir vor, ein junger Mann geht zu seinem Vater und bittet ihn um sein Erbe. Der Vater gibt ihm das Erbe und der junge Mann zieht in die Welt und probiert sein Leben, seine Möglichkeiten aus. Er gibt sein Erbe aus und verjubelt und verprasst es. Eine Zeitlang kann er sich alles erlauben und das Leben nach seinen eigenen Vorstellungen gestalten. Dann kommt die Zeit, wo er weniger Geld und schließlich nichts mehr besitzt. Er ist restlos auf sich allein gestellt, Freunde hat er nicht mehr. Gerade als er Arbeit sucht, bricht eine Hungersnot über das Land herein. Er findet keine Arbeit mehr, nur noch das Schweinehüten bleibt ihm übrig. Aber noch nicht einmal den Schweinefraß darf er essen, seine Religion hindert ihn daran. So hält er inne und geht in sich. Er sitzt in der Patsche, in einer tiefen persönlichen Krise. Er spürt, dass er sich von sich selbst, von seinem Vater und von Gott entfernt hat. Er erkennt sich selbst und findet den Mut zu einem Neuanfang. Er will als anderer Mensch, als einfacher Arbeiter zu seinem Vater zurückkehren. Er weiß nicht, ob sein Vater ihm eine Arbeit gibt, mehr will er gar nicht. Aber er will diesen Schritt wagen und macht sich auf den Weg.

Nach Lukas 15,11–19

DER PERSPEKTIVEN ERÖFFNENDE GOTT

Beten ist Selbsterkenntnis. Und genau davon handelt diese Geschichte: Der junge Mann erkennt sich selbst und merkt, dass er isoliert und abgespalten ist vom eigentlichen Leben. Er lebt nicht mehr, er vegetiert dahin. Da besinnt er sich, nimmt sich wahr, wird achtsam und sucht nach neuen realistischen Möglichkeiten. Diesen Zustand der Trennung von sich, von Gott und den anderen Menschen, hier dem Vater, nennen wir in der christlichen Tradition Sünde. Sünde meint nicht das moralische Fehlverhalten eines Menschen, sondern seine Trennung vom Wesentlichen.

Die Trennung von sich selbst, also die Unfähigkeit, sich selbst wahrzunehmen und damit die Wahrheit über sich selbst zu erkennen, verhindert erfülltes Leben. Zum erfüllten Leben gehört das Erkennen der eigenen Grenzen, der eigenen Möglichkeiten, der eigenen Verantwortung. Wo diese Voraussetzungen nicht sind, führt es zu einem zumindest gestörten Verhältnis zu andern Menschen und zur göttlichen Wirklichkeit.

Im Beten, also im Innehalten, kommt der Mensch zu sich und kehrt um, ändert die Perspektive und sucht neue mutige Schritte. In dieser Geschichte geht der junge Mann wirklich los, geht er wirkliche Schritte nach Hause. Beten fördert also die Erkenntnis: Wer bin ich? Wie bin ich vom Ursprung her gedacht? Wohin führt mein Lebensweg? In gewisser Weise ist Beten auch Therapie, die zum Neuanfang befähigt.

GEBETE UND GEDANKEN ZU ÜBERGÄNGEN

In unserem Leben gibt es immer wieder Einschnitte, auch wenn sie nicht stets so dramatisch sind wie in dieser Geschichte, die Jesus erzählt. Der junge Mann in dieser Geschichte hat drei Übergänge zu bewältigen: Er löst sich vom Elternhaus, er bewältigt seine Krise und sucht einen Neuanfang. Wir möchten einige Übergänge, die fast jeden betreffen, in Erinnerung rufen. Zu den allgemeinen Übergängen gehören die, die in einen anderen Lebensabschnitt führen: vom Kind zum Jugendlichen, vom Jugendlichen zum Erwachsenen. In der Tradition vieler Völker gehören diese Übergänge als Schwellenriten oder »rites de passage« zur Kultur. Einige dieser Schwellenriten und Übergänge haben wir beibehalten, manche haben wir verloren, viele gilt es neu zu entdecken. Das Gebet und der Segen und meist auch eine Feier gehören zu diesen Übergängen dazu. Geburt, Taufe und Tod sind so prägend, dass sie in eigenen Kapiteln behandelt werden und deshalb hier nicht weiter zur Sprache kommen.

IN DEN KINDERGARTEN GEHEN

»Wir werden immer größer, jeden Tag ein Stück …«, so heißt es in einem Kinderlied, das den Lebenswunsch der Kinder bestens aufgreift. Kinder haben ihren Blick auf das Größerwerden gerichtet. Sie sehen immer schon den nächsten Lebensabschnitt vor sich und wachsen in die Veränderung hinein. Jedes Ziel, das erreicht wird, bestätigt den Übergang in einen neuen wichtigen Lebensabschnitt und damit einen wichtigen Schritt auf ihrem Lebensweg.
Der Eintritt in den Kindergarten bzw. die Kindertagesstätte kennzeichnet den ersten wichtigen Übergang in der Loslösung von den Eltern und führt aus dem Haus an einen anderen Ort.

Gott,
mein Kind wird groß
und ich werde älter.
Mein Kind geht aus dem Haus
und ist einen halben/ganzen Tag ohne mich auf sich allein gestellt.
Ich hoffe, dass mein Kind die Welt, die sich neu auftut,
bewältigen kann und dass es Freude erfährt.
Lass es Freunde und Freundinnen finden,
die es gut und ehrlich mit ihm meinen.
Erfülle es im Lachen und Weinen mit deiner Gegenwart.
Und lass es gerne wieder nach Hause kommen.
Amen.

DIE SCHULE BEGINNT

Der nächste Schritt des Kindes führt in die Grundschule und dann in weiterführende Schulen.

Einerseits sind Kinder sehr stolz, größer zu werden und ein neues Ziel und einen neuen Weg zu haben. Andererseits verlieren sie immer auch einen Teil ihrer Kindheit und stehen größeren und neuen Anforderungen gegenüber. Nicht alles ist leicht und Ängste vor dem Versagen begleiten das Kind, auch dann, wenn das Kind viel Annahme und Ermutigung erfährt.

Gott,
der nächste große Schritt steht uns bevor.
Unser Kind kommt in die Schule.
Wie wird es werden?
Nicht alles wird einfach sein.

Die Klassen sind groß, die Anforderungen werden höher,
und die Lehrerinnen und Lehrer stehen vor einem Berg von Aufgaben.
Segne unser Kind und lass es zufrieden sein.
Gib, dass es sein Potenzial entfalten kann
und dass Menschen es fördern.
Lass unser Kind an seinen Grenzen nicht verzweifeln.
Schenke ihm Liebesfähigkeit, tragfähige Freundschaften
und vertrauenswürdige Lehrerinnen und Lehrer.
Amen.

KOMMUNION UND TEILNAHME AM ABENDMAHL

In fast allen christlichen Kirchen können Kinder seit einigen Jahren am Abendmahl teilnehmen. In der katholischen Kirche geschieht dies mit der Feier der Heiligen Kommunion meist im dritten Schuljahr. In vielen evangelischen Kirchen ist dies nach einer Phase der Vorbereitung auch deutlich früher möglich. Voraussetzung der Teilnahme an der Abendmahlsfeier ist die Taufe.

Jesus Christus,
in Wort und Wein werden wir eins
mit dir und der ganzen Schöpfung.
Wir empfangen das Leben in seiner Fülle
und ahnen, dass du unter uns bist.
Lass diese Fülle in unserem täglichen Leben
spürbar und wirksam werden.

Jesus Christus,
du hast zu deinen Jüngern gesagt:
Siehe, ich bin bei euch alle Tage!
Nun lädst du mich ein, deine Gegenwart zu feiern.
Ich bin nun da und teile mit dir und all den Menschen
Brot und Wein.
Sei du da! Stärke mich durch deine Gegenwart,
so wie es meine Mutter und mein Vater tun.
Erfülle mich mit deiner Kraft und Liebe.

KONFIRMATION/FIRMUNG

Früher war die Konfirmation der Schwellenritus schlechthin. Das Kind war ab da kein Kind mehr, es wurde in die Erwachsenengesellschaft aufgenommen. Zur Konfirmation gab es lange Hosen, Anzüge, Kostüme, Schminke, tolle Frisuren, den ersten (offiziellen Schluck) Alkohol und vieles mehr. In früheren Zeiten lag der Schulabschluss nach der achten Klasse und damit der Arbeitsbeginn vieler Klassenkameraden genau in diesem Alter. Schulisch haben sich die Zeiten verschoben, aber von der Entwicklung her ist auch heute noch das Alter von ca. 14 Jahren im Blick auf den Übergang in das Erwachsenenalter ein markanter Zeitpunkt. Die Konfirmation würde sicher noch mehr an Sinn gewinnen, wenn sie diese Schwelle weiterhin im Blick hätte, den Übergang förderte und junge Menschen in diesem Alter bewusst begleitete. Für die Firmung gilt das Gesagte genauso, der Zeitpunkt wird in den Gemeinden unterschiedlich gehandhabt, steht aber auch immer im Zusammenhang mit einem Schritt ins Erwachsensein.
Zwei Gebete von Konfirmandinnen und Konfirmanden möchten wir anführen, die auch zur Firmung geeignet sind.

Herr, das ganze Leben ist für mich wie ein Meer, das romantisch, ruhig, weit, tief und anlockend sein kann. Ich möchte vieles im Leben noch sehen und erkennen. Deshalb bitte ich dich, dass du diesen Tag so glücklich enden lässt, wie er begonnen hat, und dass ich ihn nie vergessen werde. Amen.

Ich brauche Mut und Kraft zum Leben. Ich brauche auch den Glauben. Wenn ich den nicht habe: Welchen Sinn hat dann alles, und woran soll ich mich halten? Ich bitte dich, Gott: Lass mich spüren, dass du bei mir bist. Hilf mir, dir zu vertrauen und auf dich zu hören. Hilf mir zu finden, was für mich gut ist. Gib mir und den anderen eine Gemeinde, in der wir uns zu Hause fühlen können. Zeig mir den Weg und halte mich fest. Amen.

Auch die Eltern können zu diesem Anlass ein Gebet sprechen:

Unser Gott, an diesem Tag danken wir dir für unsere Kinder.
Du hast uns bis heute begleitet auf unserem gemeinsamen Weg.
Wir haben viel Schönes miteinander erlebt, als sie kleine Kinder
waren und langsam herangewachsen sind bis heute.
Du kennst die Mühe, die wir uns gegeben haben, sie nach unseren
Maßstäben zu erziehen. Vieles ist gelungen, manches ist ganz
anders gekommen. Ob es gut war, können wir schwer beurteilen.
Manches haben wir auch versäumt. Das wird uns jetzt umso
bewusster, als wir unsere Kinder immer mehr loslassen müssen
und sie oft nicht mehr zu erreichen scheinen.
Hilf uns, Vertrauen zu ihnen zu haben und ihnen so viel Fürsorge wie
nötig zukommen zu lassen. Wir danken dir, dass wir unsere Kinder
bei dir in einer guten Hand wissen dürfen. Amen.

Aus dem Evangelischen Gesangbuch

ENTLASSUNG AUS DER SCHULE

Der Schulabschluss ist ein entscheidender Einschnitt im Leben junger Menschen. Es ist deshalb eine wertvolle Geste, diesen Übergang auch Gott anzuvertrauen.

Gott, wir bitten dich für unsere Schülerinnen und Schüler,
die heute die Schule verlassen. Ein Lebensabschnitt geht zu Ende.
Vielleicht mit Erfolg, vielleicht mit Bitterkeit, vielleicht mit Hoffnung,
vielleicht mit Ratlosigkeit.
All dies bringen wir vor dich, Gott, und zünden eine Kerze an:
Für das Licht, das du bist und in uns leuchtet.
Für das Licht, das jeder von uns ist, auch wenn er dies noch nicht
entdeckt hat oder gar nicht wahrnehmen kann.

Du hältst uns alle für das Licht der Welt,
losgelöst von unseren Leistungen.
Lass diese jungen Menschen aus der Schulzeit das annehmen und
mitnehmen, was sie in ihrem weiteren Leben fördert.
Wir bitten dich für diese Schüler und Schülerinnen: Hilf ihnen,
dass sie auf ihrem weiteren Schulweg bzw. auf ihrem Berufsweg
weitere Begabungen entdecken können.
Gott, gib ihnen Geduld und Fröhlichkeit, Freundlichkeit und Humor,
Wachheit und Achtsamkeit auf ihrem Weg.

BERUFS- ODER STUDIENANFANG

Neuanfänge brauchen Kraft. Zur Vorfreude kommt oft auch Unsicherheit, Verunsicherung. Es kann guttun, Gott diese Ambivalenzen der Gefühle anzuvertrauen und seinen Segen zu erbitten.

Jetzt geht es los.
Endlich auf eigenen Füßen stehen,
keinen fragen müssen,
keinem Rechenschaft geben, über das, was ich tue.
Das klingt gut und ich freue mich drauf.
Aber so ganz unten kratzen auch Ängste in mir,
darüber spreche ich nicht, aber sie kommen wie störende Gedanken.
Werde ich zurechtkommen?
Werde ich mich mit meinen Vorstellungen einbringen können?
Werde ich die Hilfe und die Kritik anderer annehmen können?
Werde ich mein Leben so gestalten, dass es mir guttut?
Viele Fragen, und doch spüre ich:
Es wird gut werden. Ich bin ja nicht allein.
Segne du, Gott, meinen Weg.

HOCHZEIT

Die beginnende Beziehung vor Gott zu bringen ist eine gute Tradition. Das folgende Psalmgebet nach Psalm 20 fasst die Hoffnungen und Wünsche in klare Worte.

Keinen Tag soll es geben, da ihr sagen müsst:
Niemand ist da, der uns hört.
Keinen Tag soll es geben, da ihr sagen müsst:
Niemand ist da, der uns schützt.
Keinen Tag soll es geben, da ihr sagen müsst:
Niemand ist da, der uns hilft.
Keinen Punkt soll es geben, da ihr sagen müsst:
Wir halten es nicht mehr aus.

Was ihr einander Gutes tut, verliere nie seinen Wert
und was ihr gemeinsam für andere bedeutet,
gerate nie in Vergessenheit.
Eure Pläne sollen niemandem Unheil bringen,
was eure geheimste Sehnsucht ist,
das werde euch spürbar geschenkt.
Dann wird eure Ehe für viele ein Zeichen der Hoffnung sein,
ein Ort, an dem Gottes Liebe sichtbar und greifbar wird.
Dieser Weg ist nicht leicht,
aber ihr könnt ihn gehen,
wenn ihr einander erträgt
und wenn ihr euch selbst nicht so wichtig nehmt. (...)

Für jeden Tag soll euch Liebe und Phantasie geschenkt sein,
und die Menschen, die euch heute Glück auf eurem Wege wünschen,
sie seien euch ein Zeichen dafür,
dass auch euer Gott euch nicht alleine lässt.

Diethard Zils

TRENNUNG

Aber es gibt ebenso Enttäuschung und gar das Misslingen von Beziehungen. Auch das Scheitern, der Schmerz, die Angst vor der Zukunft, die Verluste können mit Gott geteilt werden. Es ist für alle Beteiligten notwendend, wenn Gebete und Segenswünsche die Trennung begleiten und vielleicht versöhnlicher gestalten. Auch dazu haben wir ein Gebet ausgewählt.

Gott, unsere Wege, die eine Zeitlang aufeinander zuliefen,
sind auseinandergelaufen.

Wir gingen aufeinander zu, nebeneinander her, voneinander weg.
Gott, sei du bei dem, den wir verließen.
Du erreichst, wen wir nicht mehr erreichen.
Geh voran, wohin wir auch gehen.

Gott, unser Leben bleibt uns weithin unverständlich.
Nimm du dich unserer Freunde an, denen wir Leid antaten,
gib ein tieferes Verstehen, als wir hatten,
dass sie über unsere Trennung sich nicht von uns trennen.
Amen.

Uwe Buschmann

ZUM ERSEHNTEN UND ZUM UNFREIWILLIGEN ARBEITSENDE

Das Berufsleben endet nicht immer freiwillig, ja viel zu oft wird das Ende erzwungen. Bitterkeit, Wut und Ratlosigkeit bleiben zurück. In der biblischen Tradition ist die Arbeit genauso wertvoll wie der Ruhetag. Beides bestimmt die Würde des Menschen.

Manchmal ist es auch nicht leicht, gelassen und zeitgerecht und auf eigenen Wunsch in den Ruhestand zu gehen. Ein Feierabendmahl kann dabei sehr schön helfen, die Schwelle zu überwinden, die vor uns liegt. Möge Gottes Segen den Arbeitsuchenden und Ruheständlern Kraft und Begleitung sein.

Gebet eines Menschen, dem die Arbeit genommen wurde

Gott, gestern wurde ich freigestellt von der Arbeit.
Mit mir 72 andere Männer und Frauen.
Unser Fehler:
Der Gewinn lag nur bei 4 Prozent.
Das lohnt sich nicht, sagte der Abgesandte des Vorstandes.
Nun bin ich mit 56 Jahren frei –
frei von Arbeit
frei von Verdienst
frei von Würdigkeit
frei von Zeit.
Gott, ich werde nicht mehr gebraucht.
Bitter stehe ich hier
mir selbst im Weg.
Voller Scham habe ich seit langem zum ersten Mal geweint.
Gott, ich werde nicht mehr die vertrauten Wege und Abläufe
wieder
holen.
Vorbei.
Leer bin ich.
Brauche ich mich selbst noch?
Gott, wo sind meine Wut und Stärke?

Lass mich der Resignation widerstehen.
Ich bin mehr als Arbeit, dies weiß ich
oder vielleicht weiß ich es auch nicht.
Ich fühle nichts mehr.
Bin freigestellt und mir selbst in den Weg gestellt.
Gott, ich brauche einen neuen Anfang.
Fang mit mir was an.

Gebet zum Ruhestand

Gott,
meine Arbeit geht zu Ende.
Ich gehe in den Ruhestand.
Es klingt wie Kopfstand,
denn ich weiß nicht mehr, wo mir der Kopf steht
in den letzten Tagen, Wochen, Monaten.
Ich beende einen Teil meines Lebens.
Nein, ich bin nicht erlöst,
sondern ich löse mich mühsam,
werde gelöst.

Gott,
ich danke für diese Zeit der Arbeit.
Dass ich sie hatte,
dass ich nicht schlecht bezahlt wurde,
dass ich Menschen traute und sie mir trauten,
das spüre ich mit Dankbarkeit.

Gott,
nun orientiere ich mich neu.
Ich möchte neu anfangen.
Vielleicht bleiben mir fünf, zehn oder gar zwanzig Jahre.
Ich möchte Neues beginnen und Altes fortsetzen,
endlich Offenes und Ersehntes leben.
Gib mir dazu Zeit.

Gott,
ich weiß auch, dass der Tod kommen wird.
Er ist mein Bruder,
mir vertraut.
Ich fürchte ihn nicht,
aber erspare mir zu großes Leid und das Vergessen
meiner selbst.
Dafür wäre ich dankbar.

Gott,
sei heute mein Gast
und feiere das Leben mit mir,
meinen Freunden und
Kollegen.

GEBOREN WERDEN,

TAUFE UND TAUF-ERINNERUNG

Der Anfang der Geschichte vom Vater und Sohn steht im vorigen Kapitel. Das Lukasevangelium erzählt uns auch, wie sich die Um- und Heimkehr des Sohnes gestaltete:

Der Vater sieht seinen Sohn kommen. Er sieht alles: die abgerissene Kleidung, die Hände, die arbeiten können, den langsamen Gang, die traurigen und doch klaren Augen, die Hoffnung und die Angst. Der Vater schaut seinen Sohn an und öffnet die Arme. Er nimmt seinen Sohn in die Arme, drückt ihn fest an sich und freut sich. Der Sohn stammelt nur: Vater ich bin nichts wert. Ich habe mich von dir und von Gott getrennt, ich war nicht ich selber. Ich musste mich erst selbst finden. Kannst du mir eine einfache Arbeit geben? Der Vater hört die Worte seines Sohnes mit dem Herzen und ruft: Mein Sohn war wie tot, er ist wieder lebendig. Lasst uns ein Fest feiern. Ich habe meinen Sohn wieder bekommen.

Nach Lukas 15,20–24

GOTT ÖFFNET DIE ARME

Dies ist die Geschichte von dem Sohn, der auszieht, um erwachsen zu werden und der lernt, sein Leben selbst in die Hand zu nehmen. Der Vater in dieser Geschichte steht einerseits für einen menschlichen Vater und andererseits für Gott. Das Besondere an dieser Geschichte ist die Beziehung des Vaters zum Sohn bzw. seine Haltung ihm gegenüber. Er – und im übertragenen Sinne Gott – gibt dem Sohn/dem Menschen alle Freiheit in der Entwicklung seiner Persönlichkeit und hält auch die Krise, ja eventuell sogar sein Scheitern aus. Nur wer wirklich liebt, kann den anderen Menschen so in seiner Entwicklung freigeben.

Für die unterschiedlichen Gottesbilder, die Menschen erleben und die zu unserer Entwicklung gehören, ist der Inhalt dieser Geschichte ein Meilenstein, ja ein Quantensprung in der Erkenntnis Gottes. Gott gibt dem Menschen, wie dieser Vater, seine Freiheit und fördert ihn. Der Mensch bekommt sein persönliches Erbe mit auf den Weg und ist eingeladen, es für sich selbst einzusetzen. Dies gibt ihm allerdings auch die Möglichkeit zu scheitern. Der Mensch ist und bleibt selbstverantwortlich. Und doch bleibt Gott – gerade auch im Misslingen – dem Menschen zugewandt. Er empfängt ihn mit offenen Armen und freut sich daran, dass der Mensch sein Leben wiederfindet, lebendig wird und dem Tod im Leben entgeht.

Für das Beten ist diese Gottesvorstellung neu. Hier verändert sich das Gottesbild – aus der jüdischen Tradition heraus. Der Mensch betet zu einer göttlichen Wirklichkeit, die ihm absolute Freiheit schenkt und ihm Umkehr, Veränderung, Neuanfang ermöglicht, weil die göttliche Wirklichkeit bedingungslos liebt.

Die anstrengende Seite dieser neuen Gottesvorstellung ist allerdings die Erfahrung, dass der Mensch (spirituell) mündig, verantwortlich und frei in seinem Denken, Handeln und Fühlen ist.

Der Mensch ist für seinen Weg und seine Möglichkeit, aus Krisen zu finden verantwortlich, doch er ist nicht allein, Gott lässt ihn dabei nicht im Stich.

So wie du bist,
lieben wir dich.
Wir wissen noch nicht,
ob du klug bist.
Wir wissen noch nicht,
ob du gesund bist.
Wir wissen noch nicht,
ob du dein Leben gut meistern kannst.
So wie du bist – liebt dich Gott.
So wie du bist – lieben wir dich.
Ohne Einschränkung.
Amen.

DU BIST MEIN GELIEBTES KIND

In der Taufe sagen wir jedem Menschen zu, dass er von Gott ohne Einschränkungen geliebt ist. Dies knüpft an die Zusage Gottes bei der Taufe Jesu an. Jesus sah, dass der Himmel sich öffnete und die göttliche Wirklichkeit zu ihm sagte: Du bist mein geliebter Sohn!

Dieses Wort ist eine generelle Zusage an alle Menschen: Vom Ursprung her bist du geliebt – ohne dass du dafür etwas tun musst. Und wir laden in der Taufe des Kindes die Eltern ein, dies ihrem Kind auch zuzusagen. Auch das ist eine Zusage, ohne Wenn und Aber: Du bist geliebt.

Dies erspart nicht Konflikte, Auseinandersetzungen und Meinungsverschiedenheiten, aber sie geschehen auf einer guten Grundlage, denn die Liebe wird nicht in Frage gestellt. Die biblische Geschichte zu diesem Kapitel ist deshalb bewusst die Geschichte vom geliebten »verlorenen« Sohn und vom Vater, der diese Liebe nie in Frage stellt.

Wir danken dir, Gott,
dass uns dieses Kind gegeben ist.
Unserer Liebe, unserer Fürsorge hast du es anvertraut.
Wir bitten dich um Hilfe für
die Aufgabe, die vor uns liegt:
– um das Glück und die Freude,
  ohne die kein Leben gedeihen kann;
– um Geduld und Nachsicht, wenn wir
    vieles nicht verstehen können;
– um lebendige Erinnerungen an unsere eigene
  Kindheit, damit wir unseren Kindern nahe
  bleiben und ihnen nicht im Wege stehen,
  wo sie sich entwickeln und entfalten möchten;
– um den Mut, sie loszulassen, wenn es Zeit ist,
– und um Zuversicht, bis wir einander wieder finden.

Du willst, dass wir alle, Erwachsene und Kinder,
freie Menschen werden, die sich selbst und ihre Nächsten lieben können,
die etwas ausstrahlen von dem Licht,
das durch dich in die Welt gekommen ist.
Wir hoffen, dass unsere Kinder viel Liebe erfahren,
damit sie einmal anderen weitergeben können,
was sie selbst empfangen haben.
Halte deine Hand über sie,
und gib uns allen viel Mut und Phantasie
im Umgang mit ihnen. Amen.

Quelle unbekannt

In der Erwachsenentaufe sagen wir diese Liebe Gottes einem Erwachsenen zu. Wer als Erwachsener hören kann und hören will: »Gott liebt dich vom Ursprung her so wie du jetzt bist«, der spürt das Heilsame und die Wandlungskraft der christlichen Botschaft.

Du bist ein geliebtes Kind

Gott,
du liebst mich – ohne jede Bedingung.
Dies spüre ich gerne.
Endlich einer,
der nicht sagt, du musst, du sollst, du hast aber, du könnest.
Endlich einer,
der meine starken und schwachen Seiten akzeptieren kann.
Endlich einer,
der nicht sagt, ich liebe dich, wenn du ...
Endlich einer,
der einfach da ist, ohne dass ich ihn bitten muss.

Endlich einer,
der mehr gibt, als er nimmt.
Endlich einer,
der mich mit seiner Liebe herausfordert,
herausfordert zum Leben.
Endlich wenigstens einer.
Danke.

Gebet eines Paten

Gott,
für dieses Kind habe ich eine Kerze.
Ich zünde diese Kerze an.
Möge dieses Kind Licht und Lachen in die Welt bringen.
Möge dieses Kind dein Licht wahrnehmen
in all den Schatten und Dunkelheiten dieser Welt.
Möge dieses Kind mit der Schönheit deiner Schöpfung vertraut werden
und das Vertrauen zu dir und uns Menschen nie verlieren.
Möge dieses Kind seinen ureigenen Weg finden und gehen
und möge ich dieses Kind sinnerfüllend und gelassen begleiten.
Dazu stärke mich mit deiner lebendigen Gegenwart.

Fragen und Antworten zum Land des Betens

TEIL 3 – BETEN UND SPIRITUALITÄT

Was ist Spiritualität?

Spiritualität ist ein modernes Wort für gelebten Glauben, geistliches Leben, Glaubenspraxis und Frömmigkeit – und die Suche danach. Für viele Zeitgenossen sind die traditionellen Begriffe belastet, vorgeprägt oder auch unverständlich. Das Wort Spiritualität ist einladender und offener. Denn: Viele Menschen bewegt die Frage nach ihrem Lebenssinn und ihrer Lebensaufgabe. Sie erkennen, dass diese Frage sich nicht durch Leistung und Karriere, Familie oder Geld und Anerkennung beantworten lässt, sondern dass dies geistliche Anfragen an ihr Leben sind. Daraus entsteht eine Sehnsucht nach Spiritualität, in der Hoffnung, so den Lebenssinn und damit ein erfülltes Leben zu finden. Die Menschen ahnen, dass der Lebenssinn über sie selbst hinausführt. Der Suchende möchte spüren, ja wahrnehmen, dass es eine göttliche Wirklichkeit gibt und gleichsam möchte er bzw. sie sich anderen Menschen erfüllt zuwenden.

Es geht dabei weniger um theologisches Überlegen oder religiöses Wissen, als, wie das Wort Spiritualität schon sagt, um Erfahrungen mit dem göttlichen Geist (lateinisch *spiritus*), der alles durchwirkt. Menschen suchen Zugänge und beschäftigen sich mit Wegen, die Glauben ermöglichen, ohne dass sie unbedingt auf die klassischen Formen und Angebote einer Kirchengemeinde zurückgreifen wollen.

Viele Formen und Wege der Spiritualität sind in den letzten Jahrzehnten wiederentdeckt und wiederbelebt worden. So etwa die Meditationspraxis, Einkehrtage und Exerzitien im Alltag, Pilgerwege oder Taizéfahrten, Klosterbesuche auf Zeit, Bibliodrama und Bibelauslegungen in und aus der mystischen Tradition des Christentums. Gemeinsam ist ihnen das Innehalten im Alltag, die Bewusstwerdung der eigenen Potenziale und Grenzen, die Begegnung mit sich selbst und mit Gott, die Zuwendung zum Menschen und zur Schöpfung.

Gehört Beten zur Spiritualität?

In den letzten Jahren ist das Beten wieder leise in den Vordergrund der Spiritualität gerückt. In den Kirchen war es immer präsent, es gehörte und gehört zum Gottesdienst und zu jeder geistlichen Veranstaltung. Aber außerhalb des Kirchenraums beten?

Viele Menschen beten immer wieder, still und leise, aber auch laut und heftig. Aus Angst, aus Verzweifelung, aus Ohnmacht, aus Freude, aus Dank, aus Liebe. Sie greifen meist auf Vertrautes zurück: Sie beten mit dem Vaterunser, dem Psalm 23 »Der Herr ist mein Hirte«, dem Rosenkranz (im katholischen Bereich), mit einem Liedvers, mit einem Stoßgebet »Herr, hilf«, aber sie finden auch eigene Worte.

Beten gehört nicht zur Spiritualität, sondern ist Spiritualität. Es ist ein Wesensmerkmal und ein selbstverständlicher Bestandteil der Spiritualität.

Hat Beten etwas mit Selbsterkenntnis zu tun?

Im Gebet drückt der Mensch sich selbst aus und kann sich in tiefstem Vertrauen mitteilen, freuen, beweinen und erkennen. Wenn der Mensch betet, dann begegnet er sich selbst. Beten, gerade wenn es ein das Leben begleitendes Geschehen ist, führt zur Selbstwahrnehmung und danach auch zur Selbsterkenntnis. Dabei ist nicht festgelegt, was das Ergebnis dieser Selbstwahrnehmung ist. Für jeden Menschen gilt es, sein Potenzial zu leben, seine Grenzen zu erkennen und, wenn möglich, das Potenzial, die eigenen Gaben zu stärken und die Grenzen, so es geht, zu erweitern. Dabei ist Selbsterkenntnis keine Beurteilung, keine Verurteilung, sondern eine liebevolle, manchmal auch schmerzhafte Wahrnehmung der eigenen Persönlichkeit.

Was erwächst daraus? Etwas sehr Heilsames und Hilfreiches: Jeder Mensch kann immer mehr der Mann bzw. die Frau werden, als der er/sie von Gott her gedacht ist.

Ist Beten Gotteserkenntnis?

Wenn der Mensch betet, dann begegnet er Gott. Je weniger der Mensch sich ein Bild von Gott macht oder es sogar (fast) ganz lässt, desto einfacher und intensiver wird diese Begegnung sein. Hier verhält es sich wiederum wie mit einer menschlichen Beziehung. Wer ein festgelegtes Bild von dem Partner/der Partnerin hat und mit dieser Vorstellung einen Menschen sucht, wird diesen kaum finden. Es fehlt die Offenheit – Erwartungen verhindern Begegnungen. Der Mensch sucht einen Menschen nach seinem Bilde, dies kann nicht gut gehen. Mit Gott ergeht es uns ähnlich: Der Mensch sucht Gott nach seinem Bilde, nach seinen Vorstellungen. Er verliert damit die Freiheit und die Wahrnehmungsfähigkeit für die Wirklichkeit Gottes.

Im von Herzen offenen Beten erweitert der Mensch seine Erfahrungen mit Gott, wenn er Gott als Geheimnis – als erkennbar nichterkennbar – ernst und wahrnimmt. Aus der Begegnung mit Gott können Erfahrungen und Berührungen mit und durch Gott werden. Daraus ergibt sich Gotteserkenntnis und manchmal auch ein Einswerden mit Gott. Dies geschieht nicht beim ersten und nicht beim zweiten Mal. Es ist ein Weg, ein Weg der sich lohnt.

Beten auch in Wüstenzeiten?

»Wenn ich es am nötigsten habe und auf mich allein zurückgeworfen werde, dann habe ich noch nicht mal Kraft zum Beten!«
Diese Aussage hören wir manchmal in Gesprächen. »Was kann ich tun?«, fragen dann Menschen. Genau in dieser Frage wird das Problem sichtbar. Zum einen gilt für das Beten – genauso wie für andere Bereiche unseres Lebens – Folgendes: Was uns in Zeiten der Not hilfreich zur Verfügung stehen soll, müssen wir in guten Zeiten eingeübt haben. Es ist viel schwerer, wenn wir damit erst unter dem Druck der Umstände beginnen. (Was aber genauso möglich ist, wie nach einem Herzinfarkt mit Entspannungsübungen oder Joggen anzufangen.)
Zum anderen ist die Frage interessant, ob ich überhaupt etwas tun muss, wenn ich in Krisen und Nöten bin. Beten ist kein Tun und Machen und braucht auch keine Worte. »Sieh mich an, so bin ich!« Beten braucht nur das Hinhalten der eigenen Existenz in die Wirklichkeit Gottes. Diese verändert, diese schenkt Geborgenheit, diese schenkt Vertrauen.
Eigentlich beginnt das Heilsame schon im Wahrnehmen der eigenen Situation. Wenn der Mensch beginnt, sich wahrzunehmen und sich nicht verurteilt, dann erkennt er die Wahrheit: Er spürt, wer und wie er ist. Manchmal ist es anstrengend, sich wahrhaftig wahrzunehmen, manchmal ist es befreiend. »Ohne dass ich selbst etwas tue?«, kommt dann als Rückfrage. Und die einfache und doch auch herausfordernde Antwort ist: In allem, was geschieht, nimm dir die Zeit, dich zu spüren und dich tragen zu lassen. Probiere aus, ob dich die göttliche Wirklichkeit trägt. Und denke daran: Auch die Wüste erblüht, wenn es an der Zeit ist.

LIEBE UND BEZIEHUNG,

NEUBEGINN

UND

ABSCHIED

Ich beschwöre euch, ihr Töchter Jerusalems,

dass ihr die Liebe nicht aufweckt und nicht stört,

bis es ihr selbst gefällt.

Das Hohelied 8,4

Lege mich wie ein Siegel auf dein Herz,

wie ein Siegel auf deinen Arm.

Denn die Liebe ist stark wie der Tod

und Leidenschaft unwiderstehlich wie das Totenreich.

Ihre Glut ist feurig und eine Flamme des Herrn,

sodass auch viele Wasser die Liebe nicht auslöschen

und Ströme sie nicht ertränken.

Wenn einer alles Gut in seinem Hause

um die Liebe geben wollte,

so könnte das alles nicht genügen.

Das Hohelied 8,6–7

DER LIEBENDE GOTT

»Gott ist Liebe. Wer in der Liebe bleibt, der bleibt in Gott und Gott in ihm«, so steht es im 1. Johannesbrief (4,16). Liebe, so sagt die christliche Tradition, ist der Wesenszug Gottes. In keinem anderen Text der Bibel wird die Liebe in so sinnlicher Weise beschrieben wie im Hohelied, das in der Tradition dem König Salomo zugeschrieben wird. Die Sehnsucht, einen anderen Menschen intensiv lieben zu können und intensiv geliebt zu werden, gehört zu den tiefen Sehnsüchten unseres Menschseins. Sie gibt uns Kraft und lässt uns ahnen, was Liebe in dieser Welt verändern kann.

Wenn wir hier von Liebe sprechen, meinen wir nicht Liebe im Sinne von lieb sein, verliebt sein oder lieb haben. Dies ist alles möglich, aber diese Eigenschaften drücken nur kleine Aspekte dessen aus, was Liebe ist. Vielmehr meint Liebe eine herausfordernde Grundhaltung, die uns Menschen möglich ist. Die menschliche Liebe ist immer durchzogen von Scheitern, Verletzungen und Versagen. Sie ist nie perfekt, sondern unvollkommen. Gerade weil dies so ist, weil wir beschränkt sind, können wir mit ganzem Herzen lieben.

Absolut kann nur Gott lieben und damit ist er der Urgrund allen Lebens. Gott stellt seine Liebe nicht in Frage, sie ist immer. Das Hohelied beschreibt diese Liebe, es beschreibt die Erotik und Schönheit der Liebe und es ist nie ganz klar, ob dieses Hohelied über die Liebe der Menschen spricht oder über die Liebe der Menschen zu Gott. Es wurde oft genug das eine gegen das andere ausgespielt und in den Vordergrund gestellt.

In seiner Tiefe gehört beides aber zusammen. *Die Erotik zu Menschen und zu Gott hin ist letztlich eins.* Dies sagt der Johannesbrief mit den Worten: »Gott ist Liebe.« Und das Fazit daraus ist: Wer das eine nicht l(i)ebt, wird auch nur schwer das andere l(i)eben können.

GEBETE FÜR DIE LIEBE

Gebet der Sehnsucht

Herr, ich wünsche mir so sehr einen Menschen,
der mich versteht und dem ich alles sagen kann.
Ich wünsche mir einen Menschen, der mich aufrichtig liebt.
Lass mich jemand finden, der nicht mit der Liebe spielt.
Lass mich jemand finden, der mein Herz sucht
und nicht nur mein Geschlecht.
Lass mich jemanden finden, der mein Leben für lange reicher macht,
der mich nicht eines Tages arm und zerstört zurücklässt.
Hilf mir, auch seinem Leben mehr Freude und Glanz zu geben.
Hilf mir, Liebe zu finden, in der Kraft und Treue ist
wie in der Liebe, mit der du uns liebst.

Anneliese Lissner

Was für ein Glück, einen solchen Menschen zu finden, der diese Sehnsucht in uns stillt!

Gebet des Glücks

Mein Gott, was bin ich glücklich! Ich habe mich verliebt.
Mein Herz schlägt wie ein Hammer, wenn ich ihn/sie sehe,
seine/ihre Stimme klingt mir nach Stunden noch im Ohr,
ich höre seine/ihre Worte, rieche seine/ihre Haut,
spüre seine/ihre Lippen auf meinen.
Mein Gott, was bin ich glücklich, ich möchte die ganze Welt
umarmen, damit alle meine Liebe spüren.
Ich danke dir.

Gott,
deine Liebe ist unserer Liebe voraus.
Sie ist wie eine immerwährende und überlaufende Quelle,
die unseren Durst nach Liebe stillt.
Lass mich spüren, dass deine Quelle nie versiegt
und mich erfüllen kann,
wenn meine Liebe einen Grund sucht.

GEBETE AUF DEM WEG

Am Anfang ist nur Dank und Jubel, doch irgendwann kommt die bange Frage: Wie lange wird es wohl so bleiben? Dann gibt es Krisen, Missverständnisse, Verletzungen, lähmendes Einerlei.

In jeder Phase unserer Beziehungen ist es heilsam, im Gebet über den Horizont der eigenen Gefühle hinauszuschauen und uns demjenigen anzuvertrauen, dessen Liebe ohne Wenn und Aber ist.

Wenn wir einen Menschen lieben und mit ihm alt werden wollen, so heißt dies noch lange nicht, dass das gemeinsame Leben ohne Konflikte, Sorgen, Verletzungen und Streitereien geschehen wird. Im Gegenteil, Licht und Schatten gehören zu einer Beziehung und die Kraft der Liebe zeigt sich auch in der Bereitschaft, immer wieder aufeinander zuzugehen und neu anzufangen. Dies ist nicht einfach und es ist gut, wenn wir uns nicht nur auf unsere Kraft verlassen müssen.

Ein gemeinsames Gebet, um sich immer wieder neu auf den Weg zu machen, steht im Gesang- und Gebetbuch der Schweiz:

Gebet für eine gute Partnerschaft

Das Ja, gesprochen aus Liebe, hat sich gewandelt in Treue.
Gott, erhalte uns im Versprechen, das wir einander gegeben,
in guten und in bösen Tagen, in Gesundheit und Krankheit
uns zu lieben, zu achten und zu ehren.
Treten wir uns zu nahe, dann schaffe Raum,
bewegen wir uns auseinander, dann führ uns zusammen,
werden wir einander zum Rätsel,
dann gib uns Vertrauen, von dir gehalten zu sein.
Die Freude aber, die wir aneinander haben,
werde uns zum Zeichen, dass es sich lohnt, auf die Liebe zu bauen,
durch die wir ein Abbild sind von dir, unserm Gott.

Erich Guntli

Gebet am Hochzeitstag

Ich danke dir, Gott,
dass ich … begegnet bin
und dass wir trotz mancher Schwierigkeiten
bis heute zusammengeblieben sind.
Ich danke dir für alles Glück und alles Leid,
das wir miteinander teilen konnten.
Gib uns den Mut und die Kraft,
immer wieder neu aufeinander zuzugehen
und lass uns darauf vertrauen,
dass die Liebe, deine und unsre,
uns auch weiter durch Licht und Schatten trägt.

WENN DIE KRISE DA IST

Nicht immer läuft es gut – wie schnell wird etwas gesagt, was wir nachher bereuen. Es ist gar nicht einfach, dann den ersten Schritt zu tun und wieder auf den anderen zuzugehen. Da hilft es, sich zu erinnern und nicht aufzugeben.

Vater im Himmel, ich hätte nie gedacht,
dass wir einander so wehtun können.
Ich erkenne immer mehr, wie schwer es ist zu lieben
und wie schwach wir sind.
Hilf uns, dass wir einander verzeihen können.
Lass uns erkennen, was wir falsch gemacht haben.
Lass uns immer wieder einen Weg finden, der uns zueinander führt.
Lass unsere Liebe nicht untergehen, sondern reifer werden.
Hilf uns, Herr!

Aus dem Gotteslob

Trotz aller Bemühungen kann unsere Beziehung misslingen. Es sind oft viele Kleinigkeiten, die allmählich die Liebe zerstören oder zumindest verdecken. Dann werden wir uns fremd, spüren das Verbindende nicht mehr. Woher nehmen wir dann die Kraft, an einen Neuanfang zu glauben?

Herr, ich habe keine Worte mehr, ich bin leer.
Ich verstehe meinen Partner nicht mehr,
und er versteht mich nicht mehr.
Es ist kein Gespräch mehr da,
keine Liebe mehr, kein Vertrauen.
Wir gehen getrennte Wege.
Ich bin verzweifelt.
Überwinde meine Abneigung und meinen Zorn,
heile ihn und mich.
Zeige uns Wege in die Zukunft.
Hilf uns, einander zu vergeben.
Sei du zwischen uns.

Evangelisches Gesangbuch

Und wenn es unwiderruflich vorbei ist, wenn wir uns im Guten oder Bösen trennen, was ist dann? Woran kann ich mich dann halten, was hält mich dann?

Es ist vorbei.
Ich habe gehofft und gelitten, gekämpft und angeklagt.
Es hat nicht gereicht.
Es ist vorbei.
Die Liebe ist langmütig, sie erduldet alles, so heißt es.
Die Liebe vielleicht, aber ich nicht.
Es ist vorbei.

Ich bin verletzt, verzweifelt, voll Wut und Hass.
Wofür dass alles?
Es ist vorbei.
Die Liebe ist langmütig, sie erduldet alles, so heißt es.
Deine Liebe vielleicht?
Verlass mich nicht.

Auf dem Weg zum Neuanfang

Ich sitze in meiner Wohnung, allein.
Ich habe es so nicht gewollt, aber es ist so.
Manchmal macht es mich traurig,
alte Bilder kommen mir in den Sinn,
im Erinnern muss ich weinen und lachen,
Wut mischt sich mit Trauer,
Sehnsucht mit Erleichterung.
Heute bin ich allein.
Ich weiß, ich muss es nicht sein,
andere Menschen warten darauf,
dass ich sie wahrnehme und ihnen begegne.
Aber die Vergangenheit hält mich immer wieder fest.
Hilf mir, loszulassen und nach vorne zu sehen.

Einen Psalm, auch als Segenswunsch für die Ehe zu sprechen, finden Sie auf Seite 91.

KLAGE UND KRISE IM ALLTAG,

UNGLÜCK
UND UNFALL

Als die Israeliten unterwegs waren in das Land Israel, ein Land in dem Milch und Honig fließen sollten, da erlebten sie Zeiten ohne Nahrung und ohne Wasser. Zwei Geschichten, die wir hier zusammenfassen, erzählen davon:

Als die Israeliten durch das Schilfmeer gezogen waren und sich wieder aufmachten, wanderten sie drei Tage durch die Wüste und hatten kein Wasser. Dann erreichten sie den Ort Mara und freuten sich auf das Wasser dort. Aber das Wasser war sehr bitter und nicht genießbar.

Da murrten und klagten die Israeliten gegen Mose. Und Mose rief, nein schrie zu Gott. Da zeigte Gott Mose ein Holz. Als dieses Holz in das bittere Wasser geworfen wurde, wandelte sich das Wasser und wurde süß.

Und das Volk Israel musste durch weitere Wüsten wandern, um nach Hause zu gelangen. Mehrere Tage hatten die Menschen großen Hunger. Und sie murrten und klagten: Es wäre, o Gott, besser in Ägypten zu leben und zu sterben. Dort gab es Fleischtöpfe und Brot in Mengen. Aber hier in der Wüste würden sie elendig sterben.

Und Gott sprach zu Mose: Am Morgen werden sie Manna finden und am Abend werden Wachteln ins Lager kommen, die können sie fangen. Aber sie sollen nie mehr sammeln, als sie am jeweiligen Tag brauchen.

Nach Exodus 15 und 16

DER ANGEKLAGTE GOTT

Die Klage gehört zum Beten, zur Beziehung mit Gott hinzu. Klagen ist ein Teil des Lebens und wer nicht klagen kann, kann nicht Heil leben. In vielen Psalmen klagen Beter Gott ihr Leid. Sie werfen alles, was sie belastet, Gott entgegen oder, bildlich ausgedrückt: Gott vor die Füße und an den Kopf. Dies darf nicht nur so sein, sondern muss so sein. Klagen gehört zu jeder Beziehung, also auch zur Gottesbeziehung. Nun kann klagen ganz schön nerven, ungerecht sein, sich nur im Kreis drehen und sehr einseitig sein.

Gerade deshalb darf es nicht unterdrückt oder gar verdrängt werden. In der Klage ist auch Wut und Enttäuschung enthalten. Drückt der Mensch dies nicht aus, zerfrisst es ihn von innen, wird er krank und absonderlich, d.h. er wird bitter wie das Wasser von Mara und zieht sich aus der Gemeinschaft zurück.

Erst wenn die Klagen ausgesprochen werden, wenn sie laut werden und der Mensch sie selbst hört, kann sich etwas ändern.

Hat Gott Probleme mit den Klagen der Menschen? In beiden Begebenheiten reagiert die göttliche Wirklichkeit gelassen auf die Situation der Menschen und hilft.

Wie weit Klage gehen kann, zeigt die intensive Klage Jesu am Kreuz (nach einem Psalmwort): »Mein Gott, warum hast du mich verlassen?« Sie zeigt, der Mensch kann alles, wirklich alles mit Gott teilen. Sogar seine tiefste Verlassenheit. Dabei ist nicht entscheidend, ob die Klage gerechtfertigt ist, sondern wichtig, dass eine persönliche Situation und Wahrnehmung ausgesprochen werden kann. Ob Gott Jesus wirklich verlassen hat, ist nicht die Frage – vielmehr ist die persönliche Empfindung entscheidend, die ausgesprochen wird. Auch wenn Gott immer da ist, muss der Mensch dies nicht wahrnehmen können.

Die folgende Klagelitanei kann ergänzt werden um die eigenen Klagen, sie kann innerlich gesprochen oder laut herausgeschrien werden:

Ich bin hingefallen und habe mir die Knie aufgeschlagen.
Ich bin gerannt und habe doch den Bus verpasst.
Immer werde ich ausgeschimpft, wenn etwas passiert,
auch wenn ich es gar nicht war.
Mein Freund will nicht mehr mit mir spielen.
Mein Hund ist krank, vielleicht muss er sterben.
Ich habe schon wieder eine schlechte Arbeit geschrieben.
Mein Computer ist abgestürzt, alles war umsonst.
Ich habe mein Handy/meinen Schlüssel/mein Geld verloren.
Gestern ist mir gekündigt worden.
Papa/Mama ist arbeitslos, sie sind sauer und die Stimmung ist mies.
Unser Geld reicht nicht für einen Urlaub.
Keiner weiß meine Arbeit zu schätzen.
Meine Kollegen wollen mich rausekeln.
Meine Eltern verstehen mich nicht.
Meine Kinder haben sich von mir abgewandt.
B. hatte einen Autounfall und liegt jetzt im Krankenhaus.
Mir geht es schlecht und keiner ist da, der mich tröstet.

So viel geschieht, was uns Sorgen und Angst macht, wo wir uns ungerecht behandelt fühlen, wo wir mit unserem Schicksal hadern. Manchmal scheint unser Leben nur aus Klage zu bestehen, manchmal trifft uns ein Unglück wie aus heiterem Himmel, ohne jede Vorwarnung.

Glücklich die Kinder, die das Leben nehmen, wie es kommt, glücklich die Erwachsenen, die noch so fühlen können und aus allem versuchen das Beste zu machen, ohne zu klagen. Aber so sind wir selten.

Schon früh fangen wir an uns zu beschweren, wenn es nicht so geht, wie wir es wünschen. Oft geht es nur um Kleinigkeiten, aber sie nehmen uns die Stimmung und die Lebensfreude. Und erst recht, wenn die Sorgen und Nöte größer werden. Dann hilft es uns, wenn wir unsere Unzufriedenheit aussprechen können, wenn jemand da ist, der unsere Enttäuschung mitträgt, der unsere Trauer versteht und unsere Ängste aushält.

KLAGE

Im Gebet geschieht all dies. Gott ist für uns in unseren Klagen da.

Hiob, den alles Leid der Welt traf, hat nie aufgehört auf Gott zu vertrauen, hat im Gebet vor ihm geklagt, mit ihm gestritten, seine Hoffnung auf ihn gesetzt. Er kann uns Mut machen, gerade in schwierigen Zeiten und im Unglück auf Gott zu vertrauen.

Ob große oder kleine Sorgen, Ärgerliches oder Leidvolles, Ängste, Unglück oder Not, wenn wir es im Gebet aussprechen, lassen wir uns helfen, müssen wir es nicht mehr alleine tragen, kann es sich verwandeln.

Gott, hör mein Klagen,
lass mich nicht allein!

KLAGERITUAL

Ab und zu ist es gut, alles was uns Sorgen macht und klagen lässt, anzuschauen und im Gebet zu teilen. Ein einfaches Ritual, an dem schon
kleine Kinder teilnehmen können, hilft uns dabei. Aus einem Korb mit
Steinen unterschiedlicher Größe nimmt sich jede/r so viele und so große
Steine wie er/sie Klagen hat.

In der Mitte liegt ein Kreuz als Zeichen für die Gegenwart Gottes unter
uns. (Vielleicht gibt es ein Andachtskreuz in der Familie oder es kann
auch aus zwei Zweigen frisch gebunden werden.) Nacheinander spricht
jede/r seine Klagen laut oder leise aus und legt einen oder mehrere Steine
in die Mitte.

Dazwischen kann immer wieder der Liedruf gesungen werden:

Mitten in meinem Klagen

T: Rüdiger Maschwitz; M: Rüdiger Gerstein
© Rechte bei den Autoren

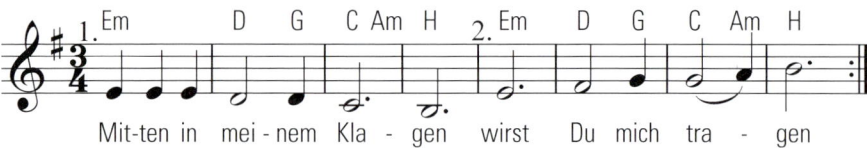

Wenn alle Steine abgelegt sind, wird eine Kerze angezündet und gemeinsam gebetet:

Gott, du hast unsere Klagen gehört,
sie liegen uns wie Steine im Herzen.
Wie Steine drücken sie uns zu Boden,
machen uns müde und mutlos.
Wir vertrauen uns dir an,
hilf uns sie zu tragen.
Wir wollen auf dein Licht schauen,
damit aus den Steinen unserer Klage
ein Weg (ins Morgen/zu dir/zur Hoffnung) wird.

Du verwandelst meine Trauer in Freude

T: Bernd Schlaudt und Gruppe Liturgie
M: Bernd Schlaudt
© Bernd Schlaudt, Waldems-Esch

Dieses Lied kann erst langsam und dann immer schneller gesungen werden und verwandelt dann schon allein mit seinem Schwung die Stimmung.

Die Steine können noch eine Zeit liegen bleiben und kommen dann in
den Korb zurück oder werden irgendwo auf einen Weg gebracht und es
werden wieder neue gesammelt.

Eine noch einfachere Variante dieses Rituals kann darin bestehen, dass es
für das Abendgebet einen Klagestein gibt, den jede/r für sich in die Hand
nehmen kann während er/sie seine Klagen in Worten oder Gedanken
ausspricht und den Stein dann wieder neben ein kleines Kreuz/eine Kerze
zurücklegt.

KRISE

Meist hat es sich schon länger angedeutet: Alles ist zu viel, die Reibereien
werden immer mehr und verletzender, die Nichtversetzung, die Kündi-
gung, die Trennung lag in der Luft. Und dann ein Wort, das das Fass zum
Überlaufen bringt, die endgültige Nachricht, jemand spricht uns darauf
an – und auf einmal scheint die Welt zusammenzubrechen, alles, was war,
ist ohne Wert, das Leben scheint sinnlos.

In diesen Momenten wird unser Gebet ein Aufschrei, ein Hilfeschrei
sein:

Gott, hilf mir!!!

Gibt es da noch Worte? Vielleicht können die folgenden Gebete etwas
von unserer Verzweiflung ausdrücken.

Was ist geschehen?
Nichts ist mehr so, wie es sein soll,
alles scheint sich gegen mich verschworen zu haben
alles, was ich auch anpacke, misslingt.

Ständig liegt mir das Wörtchen »Warum« auf den Lippen,
ich suche nach einer Erklärung,
nach etwas, das den Schmerz erträglicher macht.
Sag mir, was ich nicht sehe! Was soll ich tun?

Gibt es einen Ausweg?
Gott, wo mein Weg zu Ende ist, zeig mir deinen Weg!

≈

Tage wie ein Nagelbrett,
überall Spitzen, die mich verletzen.
Ich bin doch kein Fakir!

Die Luft wie eine Wand,
schwer wie ein Mühlstein um den Hals.
Ich will raus hier!

Gedanken wie Blei,
endlose Denkschleifen ohne Anfang und Ende.
Wo ist der Ausweg?

Licht am Horizont,
Morgen- oder Abenddämmerung?
Kann es noch dunkler werden?

Die Hoffnung eine Feder,
selbst die ist zu schwer.
Ich habe keine Kraft mehr –
hilf mir zu leben.

Ein Gebet, nicht nur für Jugendliche

Gott,
ich habe keine Lust mehr,
ich will nicht.
Lasst mich doch alle in Ruhe.
Immer nur: Mach dies, mach das!
Pack deine Tasche,
räum die Teller weg,
heb deine Klamotten auf,
fütter dein Kaninchen,
pass auf deinen Bruder auf,
üb für deine Arbeit,
häng nicht so rum,
sei nicht so laut,
such dir bessere Freunde …

Ich mache die Tür zu,
ich will nichts mehr hören,
alle ziehen und zerren an mir herum.
Bin ich denn nicht o.k., so wie ich bin?

Gott.
Ich habe es nicht gewollt,
es ist einfach passiert.
Ich wünschte, ich könnte es ungeschehen machen.
Aber es ist passiert.
Wie kann ich mit dem Leid leben,
das durch mich entstanden ist?

Sei du mit denen,
die durch mich zu Schaden gekommen sind
und vergib mir.
Ich will alles tun, was möglich ist, um den
Schaden zu mindern.

Herr, Gott, großes Elend ist über mich gekommen.
Meine Sorgen wollen mich erdrücken,
ich weiß nicht mehr ein noch aus.
Gott, sei gnädig und hilf,
gib Kraft zu tragen, was du schickst.

Dietrich Bonhoeffer

Das folgende Gebet, das Friedrich Oetinger zugeschrieben wird, umfasst
was wir brauchen, um auch in Sorge und Leid unser Leben zu gestalten:
Gelassenheit, Mut, Weisheit.

Herr, gib mir den Mut,
Dinge zu ändern, die ich ändern kann.
Herr, gib mir die Gelassenheit,
das auszuhalten, was ich nicht ändern kann.
Herr, gib mir die Weisheit,
das eine vom anderen zu unterscheiden.

Friedrich Oetinger

UNGLÜCK UND UNFALL

Mein Gott, ein Unglück ist passiert.
Eben noch war alles gut,
eben noch hörte ich (mein Kind, meinen Freund, meine Oma) lachen
und jetzt habe ich Angst um (sie /ihn).

≈

Mein Gott, ich bitte dich für …
Lass sie/ihn wieder gesund werden, gib ihr/ihm die Kraft zum Leben.

≈

Die Ärzte kämpfen um ihr/sein Leben,
sei du mit ihnen, damit sie das Richtige tun.

≈

Ich kann es noch nicht glauben,
… hatte einen Unfall.
Ich bin ganz durcheinander und gelähmt.
Was soll ich tun? Was kann ich tun?
Bis ich bei ihm/ihr bin, sei du bei ihm/ihr.
Sei du uns nahe, jetzt wo wir deine Hilfe brauchen.
Gib mir Kraft, damit ich es mit meinen Sorgen
nicht noch schlimmer mache,
lass mich auf dich vertrauen und hoffen.

Fragen und Antworten zum Land des Betens

TEIL 4 – BETEN UND WÜNSCHEN

Wie wirksam sind Gebete?

In den vergangenen Jahren gab es mehrere Studien und Untersuchungen zur Wirksamkeit des Gebetes, vor allem im Hinblick auf den Gesundungsprozess bei Schwerkranken. Einige Studien belegen die Wirksamkeit, aber es gibt auch kritische Rückfragen und tendenziell andere Ergebnisse in Kontrollstudien, die die Wirksamkeit wiederum nicht belegen. Dies ist insbesondere auf die Art der Fragestellung zurückzuführen. Vorsichtig kann gesagt werden, dass betende Menschen und Menschen, für die gebetet wurde, eher gesund werden, gesünder und zufriedener leben und auch die Erhörung von Gebetsanliegen erfahren. (Wer mehr dazu wissen will, sei auf das empfehlenswerte Buch von Anton A. Bucher zu »Psychologie der Spiritualität« verwiesen.)
Ob man die Wirkung des Gebetes allerdings auf diesem Wege wirklich überprüfen kann, ist fraglich. Im Beten geht es um mehr, es geht um Beziehung und Kontakt zur göttlichen Wirklichkeit in allen Situationen und mit allen Aspekten des Lebens. Dies jedoch ist wissenschaftlich kaum zu erfassen.
Und das, was durch das Gebet bewirkt wird, ist auch nicht unbedingt das, was der Wissenschaftler messen kann. Insgesamt ist es wenig sinnvoll,

Beten nur um seiner Wirksamkeit willen zu versuchen, wie wir auch unter dem Thema »Wunscherfüllung« noch sehen werden.

Sind Beten und Wünschen dasselbe?

Janis Joplin sang einst: »Oh Lord, won't you buy me a Mercedes Benz.« »Schön!«, werden manche Zuhörer gedacht haben, »mir bitte auch.« Da ist die Frage berechtigt: Geht es hier um Beten oder um die Erfüllung meiner Wünsche? Dient das Gebet dazu, Gott zu vereinnahmen, damit er den eigenen Wünschen entspricht? Und auch ohne Gott vereinnahmen zu wollen: Darf ich überhaupt um etwas Schönes, aber nicht Notwendiges bitten?
Die Gradwanderung scheint schwierig. Unterscheidet sich der oben genannte Wunsch wirklich so deutlich von der Bitte aus dem Vaterunser: »Unser tägliches Brot gib uns heute«?
Die Menschen haben Gott immer um das gebeten, was sie brauchten. Sie haben auch ihre kleinen und großen Wünsche im Gebet offenbart und dies darf so sein. Letztlich läuft die Fragestellung: Darf ich für einen Wunsch beten? auf eine Grundanfrage an das Beten hinaus: Geschieht durch Beten Wunscherfüllung?
Nun gibt es im Leben von Betenden zwei Erfahrungen: Bitten werden erhört oder Bitten werden nicht erhört. Ein Beispiel: Da haben Menschen bei gleicher biologischer Ausgangslage einen Kinderwunsch. Den einen geht es wie Sara im Alten Testament, die das Unmögliche erfährt und gegen alle Vernunft schwanger wird. Die anderen vertrauen Gott genauso intensiv oder vielleicht sogar mehr – und der Wunsch erfüllt sich nicht.
Die Menschen haben in solchen Situationen immer nach Erklärungen gesucht, warum die Bitte nicht erfüllt wurde. Manche sagen dann: »Du hast nicht genug oder nicht richtig gebetet.« Oder: »Dies wird schon seinen Grund haben. Gottes Wege sind nicht einsichtig und geheimnisvoll.« Oder: »Vielleicht liegt in dieser Situation für dich das Bessere, wer weiß dies schon?« Oder: »Vielleicht bist du bestraft worden oder du hast etwas falsch gemacht.«

All diese Antworten sind eine Katastrophe, gehen sie doch davon aus, dass ich als Mensch durch mein Verhalten bestimmen kann, ob Gott diese Bitte erfüllt oder nicht. Aber Beten hat mit Wunscherfüllung nichts zu tun. Auch durch »richtiges oder frommes Beten« werden Wünsche nicht automatisch Wirklichkeit. Selbst wenn wir es gerne hätten: Beten führt nicht generell zur Erfüllung von Wünschen.

Aber um was geht es dann?

Beten ist ein Hinhalten und Teilen meiner Not, meiner Sehnsüchte, meiner Wünsche, meiner Freude mit Gott, im Vertrauen auf seine Gegenwart und seine Kraft und Größe. Was damit geschieht, ist und bleibt offen. Es bleibt offen, nicht weil Gott beurteilt und abwägt, wer was verdient hat, sondern weil Veränderung und Wandlung durch Gottes Geist Teil des Schöpfungsprozesses sind und damit, menschlich betrachtet, nicht vorhersehbar sind. Was sich wandelt und erfüllt, ist so, wie es ist – ohne dass sich die Wirkkraft des Heiligen Geistes von dem einen oder anderen zurückzieht und ohne jede Wertung gegenüber dem Menschen. Beten ist also ein Sich-Anvertrauen – ohne jegliche Festlegung der göttlichen Wirklichkeit.

Wenn ich bete, werde ich dann gesund oder heil?

Diese Frage knüpft an die vorherigen Abschnitte an. Sicherlich gibt es Menschen, die von sich sagen: »Ich bin durch mein Gebet wieder gesund geworden.« Oder: »Ich fühle mich wieder heil.«

Meist hat das Gesundwerden mehrere Gründe und ist durchaus auch Frucht des Gebetes. Vielleicht hat der Mensch im Gebet sich selbst besser erkannt und Konsequenzen gezogen. Vielleicht lernt der Mensch im Gebet, dass heil werden auch möglich ist, ohne gesund zu sein. Man kann mit Behinderungen, mit Krankheiten, mit Begrenzungen sinnerfüllt leben. Vielleicht unterscheidet sich so das Wesentliche vom Unwesentlichen.

Vielleicht ist der Mensch sich in der Stille selbst und Gott nahe gekommen und hat gespürt, wie es weitergehen kann. Vielleicht konnten Blockaden überwunden werden, indem er sich im Gebet ganz der Wirkkraft

Gottes öffnete und nicht bestimmen wollte, wohin es geht. Vielleicht ist auch etwas Wunderbares, Unerklärliches geschehen. Auch dies kann und wird möglich sein, aber es ist nicht verfügbar.

Einen weiteren Aspekt betont Jesus selbst. Er fragt in einer Geschichte (in Johannes 5,1–9) den Kranken: »Willst du gesund werden?« Dies ist eine entscheidende Frage. Es ist die Frage nach der inneren Haltung, eine Anfrage an das eigene Leben. Denn es geschieht auch das Gegenteil: Da kann die göttliche Wirklichkeit viel in einen Menschen investieren, ohne dass der Mensch dies annimmt.

Fazit: Es kommt im Gebet und seinen Früchten (auch Folgen genannt) auf das Zusammenwirken zwischen dem Menschen und Gott an. Die mystische Tradition sagt: Eins ist nicht ohne das Andere möglich. Das Leben bleibt voller Überraschungen, besonders für den Betenden, also geschieht auch Unvorstellbares.

Was mache ich, wenn mein Gebet nicht in Erfüllung geht?

Am hilfreichsten wäre es, gar nicht erst in die Falle der Wunscherfüllung zu laufen. Doch wer kann dies schon verhindern? Wer Bitten hat, möchte auch, dass sie Wirklichkeit werden. Doch wir lernen im Laufe des Lebens, dass nicht alle Bitten sich erfüllen. Dies ist meist schmerzhaft und manchmal auch enttäuschend.

Auch in der Beziehung zwischen Menschen deuten wir die Nichterfüllung einer Bitte oft als mangelnde Liebe, als fehlende Zuwendung oder ungenügende Achtsamkeit. Selbst wenn dies einmal so sein kann, ist eine solche Grundhaltung eher zerstörerisch. So können in Beziehungen nicht-erfüllte Bitten zu Krisen führen, weil viele Menschen mit Enttäuschungen nur schlecht umgehen können. Und doch ist es ärgerlich, immer wieder demselben Missverständnis aufzusitzen: »Du liebst mich nicht. Du hörst mir nicht zu. Du merkst dir nicht das Wichtige. Du tust nichts für mich. Ich bin dir nicht wichtig genug!« Was kommt dabei heraus? Verletzungen des anderen Menschen und Verletzungen der eigenen Person.

In der Beziehung zu Gott reagieren wir genauso. Um dieser Erwartungsfalle sowohl bei Gott als auch bei Mitmenschen zu entkommen, hilft nur eines: Meiden Sie alle Beurteilungen und Verurteilungen in solch einer Situation. Machen Sie sich bewusst, dass es immer mehrere, auch unbekannte Gründe dafür gibt, dass etwas nicht erfüllt wird.

Letztlich geht es beim Beten um mehr als die Erfüllung des Gebetes. Es geht um die Begleitung, das Mit-Teilen, die Geborgenheit in allem, was im Leben geschieht, gerade auch dann, wenn es um Extreme wie Leben und Tod geht.

Die wirkliche Liebe beginnt,
wo keine Gegengabe mehr erwartet wird.
Und wenn es darum geht,
den Menschen die Menschenliebe zu lehren,
kommt der Übung des Gebetes vor allem
deshalb solche Bedeutung zu,
weil das Gebet ohne Antwort bleibt.

Antoine de Saint-Exupéry

KRANKHEIT UND LEIDEN

Elija, ein Prophet, war am Ende mit seiner Kraft und seinen Möglichkeiten. Er hatte sich mit dem König und der Königin auseinandergesetzt. Er hatte den Mächtigen nicht nur widersprochen, sondern sich ihnen widersetzt. Er hatte den Menschen, besonders den Mächtigen, Wahrheiten ins Gesicht gesagt. Er verstand sich als Mann des einen Gottes, der sich mit anderen Fruchtbarkeitsgöttern und -göttinnen befasste, sie bekämpfte und nieder- zwang. Jetzt wurde er verfolgt und sollte getötet werden. Elija fühlte sich auf seinem Weg leer, ausgelaugt und gab auf. Er ging einen ganzen Tag lang tief in die Wüste hinein. Dort suchte er sich einen Platz unter einem Wacholder- strauch und wollte nur noch sterben. Er sprach zu Gott: »Es ist genug. Nimm meine Seele zu dir, ich bin nicht anders, nicht besser als meine Väter.« Dann legte er sich unter den Wacholder und schlief ein. Und da! Ein Engel rührte ihn an, berührte ihn und Elija hörte die Worte: »Steh auf und iss.«

Und Elija sah neben seinem Kopf geröstetes Brot und einen Krug mit Was- ser. Er aß und trank und legte sich wieder zum Schlafen. Und der Engel berührte ihn abermals: »Steh auf und iss. Du hast einen langen Weg vor dir.« Und Elija aß und trank, dann machte er sich auf und wanderte ge- stärkt den weiten Weg zum Berg Horeb. Dort erschien ihm die göttliche Wirklichkeit wie in einem stillen sanften Atemhauch.

Nach 1 Könige 19

DER STÄRKENDE GOTT

Immer wieder geschieht es, dass wir Menschen am Ende sind, so wie Elija. Und Elija erfährt – beispielhaft –, dass Gott ihn stärken will, wo er selbst nicht weiterweiß. Da, wo er sich im Gebet aufgibt, wendet sich Gott ihm zu.

Manchmal ist es dabei not-wendend, sich im Beten einfach nur Gott zu überlassen. Elija tut dies, weil er ausgebrannt ist, weil er nicht mehr kann, er tut dies aus der Not heraus. Aus der Not wird so eine Chance. Gott will, dass der Mensch gestärkt wird, dass er Perspektiven entdeckt. Dadurch wird der weitere Weg nicht glatt und einfach. Aber er wird wieder gangbar. Was folgt, war sicher nicht unbedingt das, was Elija erwartete. Vielleicht erwartete er auch gar nichts mehr. Und genau dies führt zur Stärkung und zur intensiven Gottesbegegnung.

Aber sich der göttlichen Wirklichkeit hinhalten, das muss nicht erst in der Not geschehen. Für uns ist es die Urform des Gebetes: Wir Menschen halten unsere Existenz der göttlichen Wirklichkeit hin. Und lassen uns ein auf das, was geschieht.

GEBETE IM ANBLICK VON KRANKHEIT UND LEID

Es kommt oft ganz unerwartet und meist gerade dann, wenn ich es nicht gebrauchen kann. Eben noch war alles in Ordnung, jetzt bin ich krank. Mein Körper, meine Seele wollen nicht mehr und fordern eine Pause ein. Die Pläne, die ich hatte, für den heutigen Tag, den morgigen, vielleicht die nächste Woche oder noch länger, stimmen nicht mehr. Wie gehe ich damit um, was mache ich daraus?

Manchmal bin ich ganz froh über die Auszeit, die mir die Krankheit gibt. Meist war sie dann nötig. Wenn ich dies wahrnehme, bin ich dankbar.

Danke, mein Gott, für die Atempause,
die mir meine Krankheit schenkt.
Sie hat mich daran erinnert,
dass ich sorgfältiger mit meinen Kräften
umgehen muss.
Ich weiß, dass du bei mir bist,
in Schmerz und Fieber
bist du mir nah.
Sei du mit mir,
wenn ich wieder gesund bin,
und erinnere mich daran,
rechtzeitig Pausen zu machen.

Mit anderen Worten, die sicher von den Erfahrungen her vielen vertraut sind, betet Hanns Dieter Hüsch in seinem »August-Psalm«:

August-Psalm

Herr, ich bin krank
Und trau mich nicht ans Licht
Ein Schmerz lässt mich nicht glauben
Ich fluche von Kopf bis Fuß
Und meine Haut zerspringt
Die Zeit frisst mein Gesicht
Mein Fuß ist lahm
Und meine Seele wund
Lass mich zur Ruhe kommen Herr
Gib mir die alte Mitte wieder
Mein Gleichgewicht
Ich überwinde jedes Drahtseil
Von Turm zu Turm gespannt
Doch heute bin ich schwach und schwindlig
Komm Herr und leg mir Kühle auf die Stirn
Hol mir den Schüttelfrost aus meinem Schädel
Ich sehe schlecht und will gesunden
Du warst es der mich immer heilte
Ich lieg zu deinen Füßen
und warte auf dein Wort

Hanns Dieter Hüsch

Wenn Kinder krank sind, kann man mit ihnen zusammen beten:

Vater im Himmel, ich bin krank.
Mein Kopf tut so weh.
Ich habe Fieber und Durst.
Bitte lass mich heute Nacht gut schlafen,
damit es morgen besser wird.

Anneliese Lissner

Ebenso kann man am Bett eines kranken Kindes ein Gebet sprechen:

Mein Gott, siehst du, wie mein Kind leidet!
Sein ganzer Körper ist ein Kampf.
Es ist doch noch so klein.
Ich fühle mich so hilflos neben ihm.
Wache du mit mir an seinem Bett,
lass uns nicht allein.
Gib mir Hoffnung
und ihm die Kraft,
die Krankheit zu überwinden
und gestärkt ins Leben zu gehen.

Es ist nicht einfach, sich dem Kranksein zu stellen. Ob bei uns selbst oder bei anderen, am liebsten wäre uns, es würde schnell vorbeigehen und wir könnten wieder zum Alltag übergehen. Doch dies geht oft nicht. Krankheit, Schmerz, Leid gehören zu unserem Leben dazu. Wir sind keine Maschinen, sondern lebendige, fühlende und empfindliche Wunderwerke der Natur. Eigentlich müssten wir viel mehr staunen, welche Strapazen, welche Belastungen, wie viel Schmerz, Angst und Leid wir als Menschen aushalten können. Da wir all dem nicht ausweichen können, ist es eine Frage an uns, wie wir damit umgehen. Die Worte von Andreas Lerch laden ein, im Anblick von Krankheit und Leid um Gottes Segen zu bitten:

Der du gesagt hast:
»Selig sind die Leidtragenden, denn sie sollen getröstet werden«,
segne uns mit dem Segen, der das Leid erträgt,
dem wir nicht ausweichen können,
Schmerzen, Krankheit und Tod,
segne uns mit dem Segen, der das Leid mitträgt,
dem andere nicht ausweichen können,
Schmerzen, Krankheit und Tod,
segne uns mit dem Segen, der dem Leiden wehrt und Leid abwendet,
im Leben anderer und im eigenen Leben.
Hilf uns, das Leid und die Leiden der Welt so zu tragen,
dass sie uns und anderen zum Segen werden.

Andreas Lerch

Bei vielen Krankheiten wissen wir, dass sie früher oder später vorübergehen. Dann aber gibt es Krankheiten, bei denen uns die Diagnose sagt, dass wir uns auf eine lange Zeit einrichten müssen oder dass diese Krankheit uns ein Leben lang begleiten wird oder gar irgendwann unseren Tod bedeutet. Wie richten wir uns damit ein? Welche Worte, Gefühle, Hoffnungen und Ängste bewegen uns? Menschen erleben dies sehr unterschiedlich, doch alle können sich an Gott wenden.
Zum Beispiel mit Worten, die dem Psalm 13 nachempfunden sind:

Ich bin krank, schon so lange.
Hast du mich, Gott, vergessen?
Wie lange noch siehst du über mein Leiden hinweg?
Wie lange noch soll mein Leben aus Angst und Sorge bestehen
und mein Herz vom Kummer zerfressen werden?
Wie lange soll sich mein Feind, die Krankheit, über mich erheben?
Schau her, antworte mir, mein Gott.
Lass meine Augen wieder leuchten und wende den Tod ab von mir.
Die Krankheit soll mich nicht besiegen, weder meinen Körper
noch meine Seele.
Ich vertraue darauf, dass du mir hilfst.
Ich will dich loben, weil du mir Gutes tust.

Quelle unbekannt

Egal, worin unser Leid besteht, solange wir noch Hoffnung haben, finden wir die Kraft, die uns Mut macht, nicht am heutigen Tag zu verzweifeln. Wo die Hoffnung erlischt, wird es dunkel. Wie eine riesige Welle packt es uns und zieht uns hinunter. Es ist wie ein Strudel – die Gedanken, die Gefühle, alles, was andere zu uns sagen, alles, was uns widerfährt, verstärkt nur den Sog nach unten. Wenn man im Wasser in einen solchen Strudel gerät, gibt es nur einen Ausweg: sich hinabziehen lassen bis zum Grund und von dort die Kraft gewinnen, wieder aufzutauchen.

Ich will nicht mehr. Ich kann nicht mehr.
Alles ist dunkel und kalt.
Ich weiß nicht, ob es Morgen oder Abend ist,
es ist mir längst egal.
Ich habe jeden Halt verloren,
auch dich.
Wo bist du?
Ich habe keine Kraft mehr, mich festzuhalten,
im Dunkeln stürze ich und falle.
Falle ins Bodenlose.
Nein!
Ich falle, und finde in dir Halt.
Richte mich auf und gib mir Mut zum Leben.

Weil es für den, der im Dunkeln ist, manchmal nicht mehr möglich ist zu beten, können wir unsere Kräfte sammeln und sein Leid vor Gott bringen. In der Liturgie der Iona-Kommunität aus Schottland finden wir die Worte:

Behüte, Gott, alle, die wach liegen
oder weinen heute Nacht.
Dein Engel beschütze alle Schlafenden.
Herr Jesus, neige dich zu den Kranken.
Erquicke die Müden.
Segne die Sterbenden.
Beruhige die Gequälten und
schenke dein Erbarmen den Leidenden,
schütze die Fröhlichen – alles um deiner Liebe willen.
Amen.

Aus der Liturgie der Iona-Kommunität

STERBEN UND TOD

Jesus rief in seinem Sterben:
Mein Gott, mein Gott,
warum hast du mich verlassen?

Markus 15,34

IM LEBEN UND STERBEN –
GOTT, BIST DU DA?

Es ist eine religiöse Grunderfahrung in der mystischen Tradition des Christentums, dass Gott den Menschen niemals verlässt. Andererseits gibt es die Erfahrung vieler Menschen, dass sie sich, wie Jesus am Kreuz, von Gott absolut verlassen fühlen. Es sind Situationen von Krise, Leid, Schmerz und Verzweiflung, in denen der Mensch sich gottverlassen erlebt. Der Unterschied ist von großer Bedeutung: Der Mensch hat den Eindruck von Verlassenheit, doch Gott verlässt den Menschen nicht. Und beides ist die Wahrheit!

Auch Jesus fühlte sich auf seinem letzten Weg von Gott verlassen. Dies ist keine Frage des mangelnden Vertrauens oder des Zweifels, sondern die Begegnung mit der Urangst des Menschen, wirklich von Gott und den Menschen verlassen zu sein.

Besonders im Sterben bzw. im Anblick eines Sterbenden kann uns diese Urangst begegnen. Dann kommen die Fragen:

Sind wir wirklich im Leben und Sterben bei Gott geborgen?

Gibt es mehr als dieses Leben?

Setzt sich unsere Existenz – in irgendeiner Form – in der Präsenz Gottes fort?

Hört das Leid, der Schmerz auf?

Was verstellt mir den Zugang zu Gott in diesem Moment? Bin ich es wirklich selbst und kann ich daran etwas ändern? Oder muss ich da durch?

Aus der Angst heraus sehen wir die Dunkelheiten noch dunkler und aus den Dunkelheiten wird die schwarze Nacht.

Nun erleben ja nicht alle Menschen Sterben als ein Verlassenwerden, sondern es gibt auch die Erfahrung des Durchganges, der Geborgenheit und des Aufgehobenseins. Je mehr ich Menschen erlebe, die sterben, desto weniger kann ich beurteilen, warum jemand so oder so stirbt und was hilfreicher ist. Jeder und jede stirbt einzigartig mit seinen Empfindungen und aus seinen Erfahrungen. Und diese Einzigartigkeit verbietet jegliche Bewertung.

Wozu führt uns dies? Wir sind aufgerufen, an den Erfahrungen des Verlassenseins nicht zu verzweifeln, ohne die Gefühle bzw. Ängste zu verdrängen. Gleichzeitig wissen wir: Gott verlässt uns nie; auch wenn wir die gegenteiligen Empfindungen in uns spüren. Und dies gilt es beides in der Begleitung aufzunehmen und ihm Raum zu geben.

Wenn ich einmal soll scheiden, so scheide nicht von mir,
wenn ich den Tod soll leiden, so tritt du dann herfür,
wenn mir am allerbängsten wird um das Herze sein,
so reiß mich aus den Ängsten kraft deiner Angst und Pein.

Paul Gerhardt

DER WERT DES MENSCHEN

Immer wieder erlebe ich in Trauer- und Abschiedssituationen, dass das Leben eines Menschen nach dem Lebensalter bewertet wird. Sätze wie: »Er hat noch gar nicht richtig gelebt« oder »Das Leben lag noch vor ihr« sind so richtig wie fatal oder gar falsch. Richtig ist, dass es oft (aber auch nur oft!) schön wäre, wenn wir mehr Zeit miteinander gehabt hätten. Aber darin liegt nicht der Wert und die Intensität der Beziehung.

Was uns so leicht bewerten lässt, ist der eigene Schmerz im Abschiednehmen: Für uns war die Zeit zu kurz, für uns hätte es noch viel geben können. Wir sind traurig und es tut uns weh und diese Sichtweise und Erfahrung darf und sollte auch zum Ausdruck gebracht werden.

Was kann ich für und mit den Sterbenden tun? Was kann noch für den toten Menschen geschehen?

Es ist eine alte Tradition, neben einem Sterbenden eine Kerze für ihn anzuzünden, als Zeichen, dass Gottes Licht auch im Sterben leuchtet. Eine kleine und (an)sprechende Ikone kann zu der Kerze gestellt werden.

Ebenso Fotos der Menschen, die dem Sterbenden nahe sind. Das Wichtigste aber ist, Nähe zu geben und da zu sein. Es ist viel, wenn wir einfach einen Menschen begleiten können. Dies ist unsere große Möglichkeit.

Um mit und für den Sterbenden zu beten, ist es gut, auf vertraute Worte zurückzugreifen. So können gemeinsam das Vaterunser oder das Ave Maria gebetet, vertraute Lieder gesungen oder Psalmen gesprochen werden. Besonders Psalm 23 (siehe Seite 228), Psalm 103 oder Psalm 130 können hier tröstlich sein. Darüber hinaus kann alles in eigene persönliche Worte gefasst werden. Natürlich kann auch der Pfarrer bzw. die Pfarrerin gebeten werden, das Abendmahl zu Hause zu feiern, oder der Priester um das Sakrament der Wegzehrung sowie um den Sterbesegen, wenn dies dem Wunsch des Sterbenden entspricht.

Bleibet hier und wachet mit mir

M: Jacques Berthier (1923–1994)
© Ateliers et Presses de Taizé,
F-71250 Taizé-Communauté

GEBETE UND MEDITATIVE TEXTE

Wir haben Gebete ausgewählt, die einerseits für die Abschiedssituation geeignet sind, andererseits solche, die nach dem Abschied ihren Raum haben. Manchmal – bei einem plötzlichen Tod – gab es keine Gelegenheit zum Abschied vor dem Tod, gerade hier ist der Abschied mit allen Gefühlen nach dem Tod notwendig.

Gebet in Erwartung des Todes

Gott,
so gerne würde ich noch spazieren gehen,
in Pfützen treten,
das Morgenrot sehen
und unter deinem Sternenhimmel stehen.

Gott,
so gerne würde ich noch lieben,
mit meinem Körper,
mit meinen Gefühlen,
mit meinen Händen
und Gedanken.

Gott,
so gerne
würde ich leben,
weiterleben.
Ich weiß nicht, wie viele Tage oder Stunden mir noch geschenkt sind.
Ich weiß nicht, was mir noch bleibt.
Wandle du mein Leben

und lasse es gesegnet sein
und Segen werden.

Gott,
dankbar möchte ich sein,
das Schmerzhafte dir überlassen
und in Frieden miteinander gehen.
Segne meine Tage.
Segne meine Lieben.
Segne mein Gehen.
Amen.

Mein Kind – Gebet eines Vaters

Kind,
viel zu früh bist du von mir gegangen.
Ich vermisse dich.
Durch dich bin ich Vater geworden.
Du hast mich verändert.
Ich bin dankbar für dein Lächeln und deine Tränen.
Mir fällt das Lächeln schwer und meine Tränen laufen ungezählt.
Ich wollte noch die Eisenbahn aufbauen,
den Regenbogen mit dir fangen
und deine Fragen beantworten
und deine Antworten habe ich lieb gewonnen.
Sei gut du, mein Kind, aufgehoben, bei meinem Gott.
Ich danke dir und Gott für unsere Zeit.

Ich fühle mich einsam

Ich möchte weinen,
Herr, ich bin so einsam.
Ich habe keinen Menschen,
dem ich mein Herz ausschütten kann.
Keinen, vor dem ich einmal weinen könnte.
Ich habe niemanden,
mit dem ich besprechen kann, was mich bewegt.
Es ging alles so schnell.
Wir hatten noch so viele Pläne.
Da war noch so viel zu fragen und zu sagen!
Nun bin ich allein.
Ich komme nicht aus den traurigen Gedanken heraus.
Ich sehe nur meine Not, mein Alleinsein.
Herr, durchbrich meine Einsamkeit.
Gib mir neue, gute Gedanken.
Zeige mir Menschen, denen ich etwas sein kann,
die auch mir helfen können.
Noch fühle ich mich schwach.
Ich hoffe auf dich.
Amen.

Autor unbekannt

Ich möchte loslassen

Gott,
es ist so leicht gesagt mit dem Loslassen!
Doch wie mache ich das – loslassen?
Du sagst: »Schau nicht länger auf das Frühere,
steh nicht still beim Vergangenen.«
Ja, ich höre dich und weiß,
dass ich Abschied nehmen muss von Vergangenem,
mein Leben geht weiter, Schritt für Schritt ...
Ich werde gebraucht,
da gibt es Menschen, die mich lieben und auf mich warten,
es fällt mir nicht leicht – loslassen!
Gott,
bitte gib mir einen Blick für das Morgen,
lass mich das Neue sehen, ich will es so gerne spüren.
Begleite du mich – und ich will es wagen.

Carmen Berger-Zell

Ich suche Trost

Ich fühle mich wütend,
Gott, ich bin ratlos und voller Zorn,
denn du hast mir einen Menschen genommen,
den ich geliebt habe
und den ich brauchte,
so wie er mich.
Ich schaue zurück auf die kurze Zeit,
die ich mit dem Menschen verbringen durfte.

Nur einen kurzen Blick
hat er in diese Welt hineingeworfen,
und ihre Schönheiten über einen langen Zeitraum
zu entdecken,
ist ihm verwehrt geblieben.
Schnell, viel zu schnell
ist dieser Mensch zurückgegangen
in das unbekannte Land,
aus dem wir kommen.
Aber ein Trost bleibt mir
inmitten meiner Ratlosigkeit:
Dieser Mensch ging nicht allein,
denn ich durfte Tränen vergießen über ihn.
Tränen der Trauer,
aber vor allem Tränen der Liebe.
Ich habe nur einen Wunsch, Gott:
dass diese Tränen zu Steinen werden
auf dem Weg, der nun zu gehen ist –
hier und dort,
zu Steinen, auf denen sein Schritt
so wie mein Schritt
sicheren Halt findet.
Diese Tränen hast du mir geschenkt, Gott,
und inmitten meiner Ratlosigkeit danke ich dir dafür.
Wir dürfen Tränen geben
für diejenigen, die uns vorausgehen.
Und vielleicht werden unsere Tränen
zu Steinen für die Brücke,
die uns verbindet zwischen dem Hier und Dort.

Ulrich Tietze

dem herrn unserem gott
hat es ganz und gar nicht gefallen
dass gustav e. lips
durch einen verkehrsunfall starb

erstens war er zu jung
zweitens seiner frau ein zärtlicher mann
drittens zwei kindern ein lustiger vater
viertens den freunden ein guter freund

was soll jetzt ohne ihn werden?
was ist seine frau ohne ihn?
wer spielt mit den kindern?
wer ersetzt einen freund?
wer hat die neuen ideen?

dem herrn unserem gott
hat es ganz und gar nicht gefallen
dass einige von euch dachten
es habe ihm solches gefallen

im namen dessen der tote erweckte
im namen des toten der auferstand:
wir protestieren gegen den tod von gustav e. lips

Kurt Marti

Hinweisen möchten wir auf das hilfreiche Trauernetz in der evangelischen
Kirche, das Sie unter www.trauernetz.de. finden. Von dort haben wir die
beiden Texte von Carmen Berger-Zell und Ulrich Tietze entnommen.

Jeder hat sein Reisegepäck dabei – Gottesbilder

So wie wir Erfahrungen mit dem Beten in unserem »Lebensgepäck« mit uns tragen, ist noch etwas anderes eng mit dem Gebet verbunden: Die Worte eines jeden Gebetes vermitteln uns ein Bild von Gott, eine Vorstellung, an wen oder was sich unser Gebet richtet. Und umgekehrt wird unser Gebet auch durch unsere Vorstellung von Gott geprägt. Nun muss diese nicht – einmal benannt – immer so bleiben. Unsere Vorstellung von Gott wandelt sich im Laufe unseres Lebens und so ist das Beten des Menschen in jeder Lebensphase von je eigenen Gottesbildern bestimmt. Und jeder Mensch hat Gottesbilder und durchläuft Gottesbilder, auch dann, wenn er oder sie glaubt, alle Gottesbilder hinter sich gelassen zu haben.

Gott, eine Person?

Beginnen wir im Kindesalter. Das Kind lernt Gott kennen und entwickelt eine erste Beziehung. Gott wird in der Kindheit oft als Person gedacht. Deshalb gibt das Kind ihm alle möglichen Eigenschaften, die es bei den Menschen kennen lernt. Viele davon sind uns vertraut und kommen auch in der Bibel vor. Einige Beispiele:

Gott ist wie ein Vater oder wie eine Mutter.
Gott ist liebend.
Gott beschützt.
Gott tröstet.
Gott straft.
Gott ist eifersüchtig.

Später kommen vielleicht noch Eigenschaften hinzu, die über diese Grundzüge hinausgehen und so das Bild erweitern. Wir kennen auch diese Gottesbilder:

Gott als guter Hirte.
Gott als Retter und Beschützer.
Gott als König.
Gott als Richter.

Letztlich wird die ganze Skala menschlicher Eigenschaften und Funktionen auf Gott übertragen. Dies ist leicht erklärbar, denn nur was der Mensch kennt, kann er sich vorstellen. So sehen die ersten Vorstellungen von Gott sehr menschlich aus. Der Mensch erschafft sich seinen eigenen Gott aus seinen eigenen Vorstellungen heraus. Dies gilt auch für die frühen Gottesvorstellungen in der Bibel. In den Psalmen finden wir viele dieser Gottesvorstellungen und zwar als Gottesvorstellungen des erwachsenen Menschen. Wenn wir uns bewusst machen, dass hier Menschen ihre Vorstellungen von Gott zum Ausdruck bringen und dies keine absolute Erkenntnis der göttlichen Wirklichkeit selbst ist, dann können wir gut damit leben oder sogar davon profitieren. Dann reiben wir uns nicht an den alten Vorstellungen von Gott, sondern erleben Menschen, die – aus ihrer Haltung und Erkenntnis heraus – alles mit Gott teilen. Sie teilen ihre Liebe und ihr Entsetzen mit, sie schreien ihre Klage heraus und singen ihr Lob, sie wünschen die Vernichtung der Feinde, Folterer, Peiniger und der Gegner. Sie haben Angst und beten um Rettung. Sie tanzen vor Freude und jubeln über die Schönheit der Schöpfung. Gerade in den Psalmen ist das volle Leben spürbar. Und Gott wird in dieses Leben einbezogen, wird selbst als das volle Leben empfunden. In diesem Buch finden Sie immer wieder biblische Texte, die von den unterschiedlichsten Gottesbildern erzählen und die uns so auch verschiedene Anliegen des Gebetes vermitteln.

Der persönliche Gott

Lässt man Kinder im Grundschulalter Gott malen, so wird Gott oft als Person und zumeist männlich dargestellt. Manche Kinder meiden aber von Anfang an eine bildhafte Darstellung Gottes. Sie wählen ein Symbol für Gott aus. Häufige Symbole für Gott sind Licht, Hand, Sonne, Wolke, Feuer, Quelle. Manche Symbole gehen sicher auf biblische Geschichten zurück, andere entspringen der kindlichen Intuition. Im Schulalter beginnt – bei vielen – ein langsamer Übergang und Wandel des Gottesbildes. Wenn Kinder begleitet werden, können sie Schritt für Schritt die Vorstellung des personenhaften Gottes lassen und sich ohne Verlust der inneren Beziehung damit anfreunden, dass Gott keine Person ist. Sie entdecken, dass Gott für sie persönlich gegenwärtig ist und dass dies etwas anderes ist. Sie lösen sich von Gott als einer »höheren« Gestalt. Sie beschreiben Gott als Energie und Kraft. Aber bewusst oder unbewusst werden diesem persönlichen Gott doch noch dieselben Eigenschaften zugeordnet wie vorher. Gott ist keine Person mehr, aber Gott reagiert noch wie eine menschliche Person. Um im Glauben oder in der Beziehung zu Gott weiter zu wachsen muss nun ein nächster bewusster Schritt in der Auseinandersetzung mit den Gottesbildern geschehen. Lassen Sie es mich mit einem Bild ausdrücken, die überholten (und nur diese!) Kindheitsbilder von Gott müssen aus der Sicht des Erwachsenen bewusst ins Museum gestellt werden. Sie gehören noch dazu, weil sie uns geprägt haben, aber sie sollten nicht mehr bestimmend sein. Spätestens zwischen 12 und 15 Jahren sollte so eine Klärung der Gottesbilder (im Firmunterricht bzw. im Konfirmandenunterricht oder in der Schule) geschehen. Geschieht dies nicht, wird oft genug der christliche Glaube und damit Gott über Bord geworfen, weil der Kindheitsglaube, ohne sich zu wandeln, keine echten und tiefen Antworten geben kann.

Zwei Ziele sind dabei wichtig:
) Der persönliche Gott ist keine Person.
) Gott kann nur lieben, sagt Frère Roger, der Gründer von Taizé. Das heißt, Gott wird von der Ambivalenz und Dualität menschlicher Eigenschaften befreit und kann in seiner Tiefe erlebt werden, denn kein Mensch kann nur lieben.

Der transpersonale Gott

Diese Vorstellung von Gott folgt oft dem Prozess, in dem wir uns als Erwachsene von dem personalen Gott lösen. Es ist eine Vorstellung, die schwer zu beschreiben bzw. zu übersetzen ist und meint zweierlei: Einerseits wird Gott jenseits jeder persönlichen und personenhaften Vorstellung gedacht, was manchmal auch als überpersönlich bezeichnet wird. Anderseits wird damit eine Gottesvorstellung verbunden, die jegliche Gottesvorstellung vermeidet, also quasi eine Nicht-Gottesvorstellung ist. Diese Paradoxie bringt es auf den Punkt und zeigt das Dilemma auf: Auch eine vermeintliche Nicht-Vorstellung von Gott ist eine Vorstellung, selbst wenn es eine gedachte Vorstellung ist.

Das Hilfreiche an dem transpersonalen Gottesbild ist die Relativierung sämtlicher Gottesbilder. Das Schwierige daran ist, dass es auch (zumindest bei manchen Beschreibungen des Transpersonalen) die persönliche Gottesbeziehung als überwindenswert ansieht. Dabei schließt selbst die bild- und vorstellungsfreiste Glaubenspraxis (falls es so etwas gibt) eine persönliche Beziehung zur göttlichen Wirklichkeit nicht aus.

Es sei denn, transpersonal wird als Definition Gottes auf den Versuch eingeschränkt, Gott als absolutes Bewusstsein zu verstehen. Dies ist möglich, aber es wäre nichts anderes als ein zeitbedingtes Gottesbild unserer Tage, mit einem gewissen intellektuellen Flair.

Gottesbilder – ein Prozess

Was bleibt aus diesen Ausführungen? Ich würde gerne eine These wagen: Niemand, der glaubt, ist frei von einer Vorstellung des Göttlichen. Selbst wer dies glaubt, merkt nicht, dass er nur einer weiteren Vorstellung gefolgt ist. Gottesvorstellungen zu haben ist normal, hilfreich und konstruktiv. Die Frage »Muss ich alle Bilder von Gott im Beten hinter mir lassen?« lässt sich nun leichter beantworten: Es ist nicht möglich.

Schwierig für den Glauben und damit für das Beten ist nur, wenn wir an einzelnen Stufen und Aspekten von Gottesbildern haften, sie verallgemeinern und glauben, sie wären das Wahre und Richtige und Letzte.

Dann stehen wir uns selbst im Wege, erwarten Wunscherfüllung, machen
Gott für das Böse verantwortlich oder glauben an nichts mehr. Ich erin-
nere daran: Glauben ist auch Wandlung, Veränderung und Reflexion.
Eine kleine Geschichte fasst das Anliegen dieses Kapitels gut zusammen:

Vater Johannes leitet einen längeren mehrtägigen intensiven Schweige-
kurs und wird zu den Gottesvorstellungen befragt. Alle sind gespannt:
Welche ist richtig, welche lässt er gelten, welche darf nicht sein?
Am zweiten Tag sagt Vater Johannes dazu nur einen Satz: »Gott ist personal.« (Gemeint ist in irgendeiner Weise persönlich.) Die Anhänger dieser
Vorstellung sind erfreut, die anderen verärgert. Es folgt keine Auslegung,
sondern Schweigen.
Am vierten Tag sagt Vater Johannes wiederum einen Satz: »Gott ist transpersonal.« Die Anhänger dieser Vorstellung sind erfreut, die anderen ver-
ärgert. Es folgt keine Auslegung, sondern Schweigen.
Am sechsten und vorletzten Tag sagt Vater Johannes nur: »Gott ist weder
personal noch transpersonal – Gott ist.«
Alle schweigen und manche erahnen die Wirklichkeit.

FÜRBITTE UND FRIEDENS- GEBETE

Jesus sagt in der Bergpredigt:
»Bittet, so wird euch gegeben,
suchet, so werdet ihr finden,
klopft an, so wird euch aufgetan.
Denn wer da bittet, der empfängt,
wer da sucht, der findet,
und wer anklopft, dem wird aufgetan.«

Matthäus 7,7–8

DER HÖRENDE UND ERHÖRENDE GOTT

Die Bergpredigt ist eine Sammlung von Worten Jesu. Die einzelnen Sätze darin sind nicht immer direkt einem Thema zugeordnet. Der Text wurde erst später zum besseren Verständnis durch Überschriften gegliedert. Die am Beginn dieses Kapitels zitierten Worte Jesu (siehe vorherige Seite) sind in der Luther-Übersetzung mit der Überschrift »Gebetserhörung« versehen und werden in den Auslegungen fast immer auf das Gebet bezogen. Es ist auch nicht abwegig, diese Stelle dem Beten zuzuordnen, doch bringt diese Zuordnung ein Problem mit sich: Der Text verspricht etwas: Wer bittet, der empfängt! Wer sucht, der findet! Wer anklopft, dem wird geöffnet!

Daraus ergeben sich viele Fragen:

> Warum werden nicht alle Bitten erfüllt oder zum Guten gewendet?
> Mache ich als Mensch etwas falsch, wenn meine Bitten nicht erhört werden?
> Oder, ganz hart gefragt: Stimmt der Satz Jesu? Oder ist er eine Suggestion oder gar Augenwischerei?

Dazu eine kleine Geschichte: Die Fischer ruderten in der stürmischen See nach Hause. Der Sturm wurde immer bedrohlicher und heftiger. Da warfen sie die Ruder weg und beteten. Der alte Mann am Ruder aber rief: Ihr Narren. Ihr müsst rudern und beten!

Nun, ich verstehe und betrachte das Wort Jesu nicht unter dem Thema Gebetserhörung. Das ist zu eng gefasst. Gebete können alles ansprechen, um alles bitten und alles aussprechen. Wir können für andere Menschen, für Ereignisse, für Veränderungen beten. Was damit aber geschieht, bleibt offen. Absolut offen. Deshalb habe ich die Worte anders gefasst. Jesus sagt in meiner Übertragung:

Wenn ihr bittet, werdet ihr auch empfangen – seid offen und wach für das, was ihr empfangt!

Wenn ihr sucht, werdet ihr finden. Aber legt euch nicht fest auf das, was ihr finden wollt. Dann findet ihr eher nichts. Denn ihr seid fixiert, eng, festgelegt.

Wenn ihr anklopft, wird aufgetan oder auch: wird sich etwas öffnen. Deshalb habt Mut, überhaupt an Verschlossenes zu klopfen. Nur durch Anklopfen und Berührung kann sich etwas öffnen.

Sie merken, dieser Text Jesu beschreibt eine Haltung, auch eine Gebetshaltung, die Offenheit und Erwartung formuliert, aber der es nicht um Ergebnissicherung geht.

Am deutlichsten wird mir der Text, wenn ich noch einmal anders formuliere:

Bittet und ihr seid Empfangende!

Sucht und ihr seid Findende!

Klopft an und ihr werdet wahrnehmen, dass sich gleichzeitig etwas auftut!

FÜRBITTEN UND GEBETE UM FRIEDEN

In Fürbitten betet der Mensch nicht für sich selbst, sondern für andere Menschen, für andere Lebewesen und die ganze Schöpfung. Die Fürbitte will drei Dinge:

❯ Sie will die Bitte mit Gott teilen.

❯ Sie will Öffentlichkeit herstellen und eventuell eigene Ohnmacht benennen.

❯ Sie will Veränderung – durch Gott und den Menschen.

Fürbitten und Friedensgebete gehören zusammen. Friedensgebete sind ein wesentlicher Teil der Fürbitten. Einige uns wichtige Gebete haben wir hier zusammengetragen.

Der tägliche Kleinkram

Jesus Christus, mit dir teile ich meinen heutigen Tag.
Ich bitte dich für meine Kolleginnen und Kollegen am Arbeitsplatz,
lass uns gelassen und freundlich miteinander arbeiten.
Ich bitte dich für meine Kinder in der Schule
und im Kindergarten,
lass sie Zuwendung, Freundschaft und Neues erfahren,
stärke ihre Neugier in dieser Welt.
Ich bitte dich für meine Partnerin, für meinen Partner,
dass sie/er in allem Trubel und Arbeiten sich nicht verliert.
Ich bitte dich für unseren Garten,
lass gelingen, was wir gepflanzt haben.
Ich bitte dich für den täglichen Kleinkram,
lass mich im Spülen und Wegräumen,
im Schuheputzen und Abwischen,
im Staubsaugen und Kehren
Atemzug um Atemzug
deine Gegenwart nicht vergessen.

Gebet für alle, die sich nach Stille und Frieden sehnen

Du Gott des sanften Friedens,
vor dir denke ich an die Menschen,
die sich nach Stille und Frieden sehnen.
Sie sind allein mit ihrer Last.
Sie haben niemanden, dem sie das, was sie niederdrückt,
auf die Schultern legen können.
Vor dir denke ich an die Menschen,
die rastlos und ruhelos sind,
die sich selbst betäuben mit Aktivität
und dabei unglücklich werden.
Vor dir denke ich an die Menschen,
die sich nach Geborgenheit sehnen,
nach einem menschlichen Gesicht mit guten Augen,
die sie liebevoll anschauen.
Vor dir denke ich an die Menschen,
die eingeschnürt sind in ihre Verpflichtungen,
denen die Zwänge in ihrem Beruf
oder die Leere der Arbeitslosigkeit
die Luft zum Atmen nehmen.
Du bist der Friede,
du Gott des sanften und belehrenden Friedens.
Du nimmst Lasten ab,
du bist die Geborgenheit.
Du atmest uns frei.
Friede sei mit allen Friedlosen,
Friede tief wie das Meer,
tief wie die Stille der Erde,
tief wie die sanfte Nacht.

Helge Adolphsen

Fürbittgebet nach Epheser 4,7–16

Kein Schmerz in uns oder in unserem Planeten,
den du nicht kennst,
denn du hast die tiefsten Orte der Erde berührt.

Lass uns mit dir trauern, o Christus, über den Verlust all der
Schönheit, die ständig getötet wird.

Kein Ort in den Himmeln, der nicht angerührt werden kann
durch die Gegenwart deiner Auferstehung,
denn du erfüllst alle Dinge.

Lass uns deinem Sieg über den Tod vertrauen,
um in deinen Weg der Liebe hineinzuwachsen.
Da gibt es keine Verzweiflung, sondern Samen der Hoffnung
und Zeichen des Friedens.

Unter deiner Anleitung passen die verschiedenen Teile
des Körpers zusammen und der gesamte Körper wird
zusammengehalten durch jedes Gelenk, mit dem er ausgestattet ist.
Lass uns unsere Verbundenheit mit allen Dingen erkennen.
Lass uns miteinander und mit allen lebendigen Geschöpfen
durch Liebe wachsen.

Aus der Liturgie der Iona-Kommunität

Gebet für den inneren und äußeren Frieden

Gott,
lass das Böse geringer werden
und das Gute umso kräftiger sein.
Lass die Traurigkeit schwinden
und Freude um sich greifen.
Lass uns annehmen und geben können
und einander behilflich sein.
Lass die Missverständnisse aufhören
und die Enttäuschten Mut gewinnen.
Lass die Kranken Trost finden
und die Sterbenden deine Erbarmung.
Lass uns wohnen können auf Erden
und die Ernten gerecht verteilen.
Lass Frieden unter den Menschen sein,
Frieden im Herzen – rund um die Erde.

Traditioneller Gebetstext

Gebet für die Zukunft unserer Erde

Herr, unsere Erde ist nur ein kleines Gestirn im großen Weltall.
An uns liegt es, daraus einen Planeten zu machen,
dessen Geschöpfe nicht von Kriegen gepeinigt werden,
nicht von Hunger und Furcht gequält, nicht zerrissen in sinnloser
Trennung nach Rasse, Hautfarbe oder Weltanschauung.
Gib uns den Mut und die Voraussicht, schon heute mit diesem Werk
zu beginnen, damit unsere Kinder und Kindeskinder einst mit Stolz
den Namen Mensch tragen.

Gebet der Vereinten Nationen

Gebet für die »Faire Woche« des Eine-Welt-Handels

Wir bitten um frischen Mut
und Freude bei ihrer Arbeit
für die Initiativen des »Eine-Welt-Handels«,
die in der gegenwärtigen »Fairen Woche«
auf ihre Sache aufmerksam machen.

Lenke unsere Blicke auf Jesus,
damit wir damit Ernst machen,
dass Gerechtigkeit und Liebe immer konkret sind.

Segne die Überlegungen in Gemeinden
und kirchlichen Einrichtungen,
wie wir dein Gebot der Gerechtigkeit
im alltäglichen Konsum ernst nehmen
und damit an Glaubwürdigkeit gewinnen können.

Zentrum Ökumene

Dieses Gebet entstand aus Anlass einer Aktion des »Eine-Welt-Handels«. Die vielen Ehrenamtlichen können diese Unterstützung aber öfter gebrauchen. Warum sollte nicht jede Woche eine faire Woche werden?

Fürbitten zum »Tag der Schöpfung«

Unser Herr Jesus Christus, du bist mitten unter uns und begleitest uns auf unserem Weg. Höre unsere Bitten!

1. Vom Weltall aus betrachtet ist unsere Erde ein wunderschöner bunter Ort, ein Ort des Lebens inmitten einer lebensfeindlichen Umwelt. Wir alle zusammen bilden eine einzige menschliche Familie. Gott hat uns diese Erde als Geschenk überlassen, auf dass wir in seinem Willen diese Welt gestalten. Ein »Tag der Schöpfung« ist daher auch ein Tag zur Ehre Gottes, der allen seinen Kindern einen gerechten Anteil an allen Gütern seiner Schöpfung verheißen hat. Dafür sich einzusetzen ist wahrer Gottesdienst. Wir bitten dich um mehr Vertrauen und Glauben an deine Verheißung!

2. Laut biblischem Schöpfungsbericht will Gott den Menschen als sein Ebenbild und er vertraut ihm seine Schöpfung an. Der Mensch wird dieser Verantwortung gerecht, wenn er das Werk Gottes fortführt, es hegt und pflegt. Doch was tun wir? Immer mehr Dinge werden produziert, doch immer mehr Menschen werden ausgegrenzt; Nahrungsmittel werden im Überschuss produziert und verschleudert, aber immer mehr Menschen verhungern. Aus lauter Gier nach immer mehr Haben, plündern wir unseren Planeten und zerstören das Netzwerk des Lebens. Die Erde wird zur Wüste. Wir bitten dich um die Kraft und den Mut zur Umkehr.

3. Wir bitten für alle Menschen, die nach den Gesetzen dieser Welt für überflüssig erklärt werden; dass ihnen deine Zusage: »Ich bin gekommen, damit ihr das Leben in Fülle habt«, Kraft und Mut zum aufrechten Gang geben möge. Lass uns immer mehr zu deiner

Kirche werden, indem wir vom Standpunkt der arm gemachten Menschen aus und an ihrer Seite dafür kämpfen, dass alle Menschen an allen Gütern der Erde ihren gerechten Anteil haben. Ihr Hunger nach dem täglichen Brot, nach mehr Gerechtigkeit und nach einem Leben in Würde möge gestillt werden.

4. *Wir bitten dich für uns alle hier, dass jeder von uns in allen Lebenslagen Menschen findet, mit denen er die Freuden und Leiden des Lebens teilen kann; dass jeder eine Gemeinschaft findet, in der man das tägliche Brot teilt – um so einander Brot des Lebens zu werden. Wir bitten auch für die von der Kirche bestellten Amtsträger, dass sie dem Volke Gottes auf seinem Weg zu mehr Menschlichkeit und Gerechtigkeit treue Begleiter sein mögen. Und mögen wir in Gemeinschaft mit allen Menschen, die an Jesus den Christus glauben, immer mehr zu der Einen Kirche Jesu Christi werden.*

Willi Knecht

Friede beginnt, wo wir ihn leben. Wo wir um Frieden beten, wird es oft leichter, ihn zu leben. Und er fängt immer auch bei mir selbst an.

Mach mich zur Taube

In Dir
Gott
ist Friede und Gerechtigkeit

Mach mich zur Taube
die Deinen Frieden über das große Wasser trägt

Mach mich zum Kanal
der Dein Leben in dürres Land leitet

Mach mich zum Höhenfeuer
das warnt vor den Gefahren
die dem Leben drohen

Mach mich zum Lautsprecher
der Deine Botschaft überall hörbar macht

Mach mich zu einem willigen Werkzeug
das Du brauchst
für Frieden und Gerechtigkeit

Anton Rotzetter

Gebet für mich selbst

Herr, öffne meine Augen,
dass ich die Not der anderen sehe;
öffne meine Ohren,
dass ich ihren Schrei höre;
öffne mein Herz,
dass sie nicht ohne Beistand bleiben.
Gib, dass ich mich nicht weigere,
die Schwachen und Armen zu verteidigen,
weil ich den Zorn der Starken und der Reichen fürchte.
Zeige mir, wo man Liebe,
Glauben und Hoffnung nötig hat,
und lass mich deren Überbringer sein.
Öffne mir Augen und Ohren,
damit ich für deinen Frieden wirken kann.

Aus dem Gotteslob

»Herr, mach mich zu einem Werkzeug deines Friedens ...« – Dieses vielen vertraute Gebet finden Sie im Kapitel »Gebete unserer christlichen Tradition« auf Seite 186.

Fragen und Antworten zum Land des Betens

TEIL 5 – WARUM BETEN?

Warum beten?

Zu allererst, weil es uns ein Bedürfnis ist, weil etwas in uns das Gebet sucht.

Wenn wir dem nachgeben und uns in welcher Form auch immer (siehe auch »Formen des Betens«, Seite 205ff.) mehr als nur gelegentlich Zeit für das Gebet und damit Zeit für Gott nehmen, kann sich in unserem Leben einiges, und wir meinen zum Guten hin, verändern.

Die folgenden Thesen geben unsere Erfahrungen, die selbst gemachten und die vieler Menschen, mit denen wir im Gespräch sind – wieder. Nicht alles geschieht immer und auf einmal, aber es passiert, solange Beten nicht mit einer Haltung der Engstirnigkeit, des Fanatismus und der Rechthaberei verbunden wird.

1. Im Gebet lernt und übt der Mensch, über sich hinaus zu sehen und ordnet sich selbst in einen größeren Zusammenhang ein. Er öffnet sich für das Du – zu Gott und zu anderen Menschen hin.

2. Beten eröffnet, vertieft und verändert die Beziehung zu Gott.

3. Im Gebet nimmt der Mensch sich selbst intensiver wahr und lernt sich kennen und erkennen (Selbstwahrnehmung).

4. Beten bewirkt eine klarere und tiefere Wahrnehmung der Realität dieser Welt, die sich zum Guten hin auswirkt.

5. Beten nimmt nicht unbedingt die Ängste, die ein Mensch im Leben hat, ermöglicht aber ein Leben mit diesen Ängsten.

6. Beten kann zur Gesundung führen, aber es muss nicht so sein.

7. Auch wenn der Mensch nicht gesund wird, kann dennoch Heilung geschehen. Der Mensch kann heil werden mit seinen Wunden, Krankheiten und Verletzungen.

8. Beten vertieft das Vertrauen zu sich selbst, zu Gott und zu den Menschen, gegen allen äußeren Anschein und gegen allen Widerspruch.

9. Im Beten und durch Beten spürt der Mensch ein Aufgehobensein und eine Kraft, die das menschliche Maß übersteigt.

10. Beten führt zu Gelassenheit, weil Geborgenheit sichtbar wird und Unwesentliches und Wesentliches sich unterscheiden. So sorgt Beten für ausgeglichene Menschen.

11. Beten ermöglicht von ganzem Herzen Freude und Dankbarkeit.

12. Demut und Bescheidenheit kommen in Kontakt mit Mut und Kompetenz. Sie befruchten sich gegenseitig.

13. Beten verstärkt die Erfahrung des Eingebundenseins in ein größeres Ganzes und macht damit freier und unabhängiger gegenüber jeglicher Abhängigkeit.

14. Selbstbewusstsein, Würde und Respekt gegenüber anderen erwachsen aus der Hingabe an das Leben, an die göttliche Wirklichkeit.

15. Beten schenkt ein zufrieden(er)es Leben, weil letztlich aus Vertrauen und Hingabe Leben geschieht.

Beziehungen verändern sich – auch das Beten?

Auch das Beten verändert sich mit der Zeit. Wir werden älter, wir lassen Dinge zurück. Was wichtig war, wird unwichtig. Neues, anderes wird wichtig. Dies wird sich im Beten ausdrücken. Es werden – wie in jeder Beziehung – Gewohnheiten entstehen, ureigene Traditionen heranwachsen. Dies ist gut so, wenn sie wiederum für Veränderungen offen sind. Beten geschieht letztlich in der Spannung zwischen Vertrautem und Veränderung. Das Vertraute bildet den Rahmen, den Grund, auf den der Mensch immer wieder zurückgreifen kann, die Veränderung trägt dem individuellen Wesen des Menschen Rechnung. Der Mensch verändert sich körperlich, geistig und seelisch, auch wenn manche der persönlichen Grundmuster die Zeit überdauern.

Bei vielen Menschen wird das Gebet stiller, es kommt mehr Schweigen hinzu, die Selbsterkenntnis ist gelassener und die Gotteserkenntnis vertieft sich. Alte Texte erschließen sich neu, Tiefendimensionen, z.B. in Psalmen, werden entdeckt.

Wo unser Leben Veränderungen gegenüber offen ist, bleibt es spannend. Das gilt auch für unser Beten.

GEBETE UNSERER

CHRIST-
LICHEN
TRADITION

GRUNDGEBETE

Das früheste Gebet der Christen, das, was Christus uns selbst mitgegeben hat, ist das Vaterunser. Es ist das älteste, allen Christen gemeinsame Gebet und umfasst alles, worum wir bitten können.

Vaterunser

Vater unser im Himmel,
geheiligt werde dein Name,
dein Reich komme,
dein Wille geschehe, wie im Himmel so auf Erden.
Unser tägliches Brot gib uns heute,
und vergib uns unsere Schuld,
wie auch wir vergeben unseren Schuldigern.
Und führe uns nicht in Versuchung,
sondern erlöse uns von dem Bösen.
Denn dein ist das Reich und die Kraft
und die Herrlichkeit in Ewigkeit.
Amen.

Wer nur ein Gebet auswendig lernen will, um nie ohne Worte zu sein, sollte das Vaterunser lernen. Es ist das Gebet, das in vielfältiger Weise Verbindungen schafft. So war es über Jahrhunderte das Gebet der Christen, mit dem sie, oft in vielfacher Wiederholung, die Verbindung zu Gott suchten. Genauso verbindet es uns auch heute noch mit Gott, Christus und dem Evangelium. Mittlerweile ist es in fast alle Sprachen übersetzt und verbindet so auch die Christen weltweit.
Dabei ist der Wortlaut nicht immer völlig gleich. Bereits in der Bibel gibt es zwei leicht voneinander abweichende Fassungen (bei Matthäus und

Lukas) und bis vor wenigen Jahren unterschieden sich auch die Fassungen der evangelischen und der katholischen Christen. Erst spät gab es die obige einheitliche ökumenische Form.

Auch in einer in Aramäisch, der Muttersprache Jesu, verfassten Handschrift finden wir eine Fassung des Vaterunsers, die in ihrer Wortwahl bereits eine Deutung enthält. Wir laden ein, den Unterschieden in den beiden Gebetstexten – dem ökumenischen und dem aramäischen – nachzuspüren und dadurch dem Gebet noch näher zu kommen.

Abwun – das Vaterunser nach der aramäischen Urfassung

Vater und Mutter des Kosmos, Urgrund der Liebe,
bereite in uns den Raum des Herzens,
dass wir dein Licht und deinen Klang in Frieden erfahren.
Deine Wirklichkeit offenbare sich.
Dein Verlangen,
dass wir deine Liebe in uns entdecken.
Gib uns Tag um Tag,
was wir an Brot und Einsicht brauchen.
Löse die Fesseln unserer Fehler,
wie auch wir freigeben,
was uns an die Verwicklung und Schuld der anderen bindet.
Bewahre uns vor falschem Begehren
und befreie uns von Irrtum und Bösem.
Denn dein ist das Reich der Liebe und des Friedens,
die Fülle des Lebens und der Klang des Kosmos,
der alles erneuert von Weltzeit zu Weltzeit.
Ich bekräftige all dies mit meinem ganzen Sein. Amen.

Franz-Xaver Jans-Scheidegger / Gabriele-Verena Siemers

Ein weiteres Gebet, dessen erster Teil ebenfalls auf Textstellen aus dem Evangelium zurückgreift, hat vor allem in der katholischen Kirche eine wichtige Bedeutung.

Ave Maria

Gegrüßet seist du, Maria,
voll der Gnade,
der Herr ist mit dir.
Du bist gebenedeit unter den Frauen,
und gebenedeit ist die Frucht deines Leibes, Jesus.
Heilige Maria, Mutter Gottes,
bitte für uns Sünder
jetzt und in der Stunde des Todes.

Im Rosenkranz verbinden sich Vaterunser, Ave Maria und kurze Glaubensaussagen zu Jesus, Maria und der Kirche zu einem gebeteten Glaubensbekenntnis. (Eine ausführliche Auslegung aus katholischer Sicht und Informationen zur Geschichte finden Sie bei: Hermann Kirchhoff, Grundgebete der Christen, München 2006.)

Ein weiteres, seit der frühesten Zeit der Christenheit gesprochenes Gebet ist ganz kurz:

Im Namen des Vaters, des Sohnes und des Heiligen Geistes. Amen.

Verbunden mit dem Kreuzzeichen war es einerseits Erkennungszeichen der Christen und andererseits ein Gebet, das mit wenigen Worten jegliches Tun und jegliche Gefühlsregung in die Gegenwart Gottes stellte.

MIT VORBILDERN BETEN

Es gibt noch eine Reihe anderer Gebete, die vielen Menschen in der evangelischen und katholischen Kirche vertraut sind. Es sind vor allem verschiedene Morgen- und Abendgebete. Dies zeigt, wie wichtig es den Menschen durch all die Jahrhunderte war, den Tag im Gegenüber Gottes zu beginnen und zu beenden.
Die Gebete laden uns ein, es ihnen gleichzutun.

Luthers Morgensegen

Ich danke dir, mein himmlischer Vater,
durch Jesus Christus, deinen lieben Sohn,
dass du mich diese Nacht
vor allem Schaden und Gefahr behütet hast,
und bitte dich,
du wolltest mich diesen Tag auch behüten
vor Sünden und allem Übel,
dass dir all mein Tun und Leben gefalle.
Denn ich befehle mich, meinen Leib und Seele
und alles in deine Hände.
Dein heiliger Engel sei mit mir,
dass der böse Feind keine Macht an mir finde.

Morgengebet ostsyrischer Christen

Beim aufgehenden Morgenlicht preisen wir dich, o Herr,
denn du bist der Erlöser der ganzen Schöpfung.
Schenk uns in deiner Barmherzigkeit einen Tag,
erfüllt mit deinem Frieden.
Vergib uns unsere Schuld.
Lass unsere Hoffnung nicht scheitern.
Verbirg dich nicht vor uns.
In deiner sorgenden Liebe trägst du uns;
lass nicht ab von uns.
Du allein kennst unsere Schwäche.
O Gott, verlass uns nicht.

Morgengebet Dietrich Bonhoeffers im Gefängnis

Gott, zu dir rufe ich in am frühen Morgen,
hilf mir beten und meine Gedanken sammeln;
ich kann es nicht allein.

In mir ist es finster, aber bei dir ist das Licht;
ich bin einsam, aber du verlässt mich nicht;
ich bin kleinmütig, aber bei dir ist die Hilfe;
ich bin unruhig, aber bei dir ist Frieden;
in mir ist Bitterkeit, aber bei dir ist die Geduld;
ich verstehe deine Wege nicht, aber du weißt den rechten Weg für mich.

Vater im Himmel, Lob und Dank sei dir für die Ruhe der Nacht,
Lob und Dank sei dir für den neuen Tag.
Lob und Dank sei dir für alle deine Güte und Treue
in meinem vergangenen Leben.
Du hast mir viel Gutes erwiesen,
lass mich nun auch das Schwere aus deiner Hand hinnehmen.
Du wirst mir nicht mehr auflegen, als ich tragen kann.
Du lässt deinen Kindern alle Dinge zum Besten dienen.
Herr, was dieser Tag auch bringt, dein Name sei gelobt.

Abendgebet des Augustinus

Wache du, Herr, mit denen,
die wachen oder weinen in dieser Nacht.
Hüte deine Kranken, lass deine Müden ruhen.
Segne deine Sterbenden. Tröste deine Leidenden.
Erbarme dich deiner Betrübten und sei mit den Fröhlichen.
Amen.

Das Meditationsgebet des Niklaus von Flüe

Das folgende Gebet ist vor allem bei Menschen auf dem Weg der Meditation sehr verbreitet. Es stammt von Niklaus von Flüe (Bruder Klaus), dem Einsiedler aus der Schweiz:

Mein Herr und mein Gott,
nimm alles von mir, was mich hindert zu dir.
Mein Herr und mein Gott,
gib alles mir, was mich fördert zu dir.
Mein Herr und mein Gott,
nimm mich mir und gib mich ganz zu eigen dir.

Friedensgebet des Franz von Assisi

Ein vielen sehr vertrautes Gebet aus der Normandie wurde früher Franz von Assisi zugeschrieben und ist als solches bekannt. Vermutlich geht es auf einen älteren Text zurück, der in dieser Form Anfang des 20. Jahrhunderts aus Frankreich überliefert wurde.

Herr, mache mich zu einem Werkzeug deines Friedens,
dass ich liebe, wo man sich hasst,
dass ich verzeihe, wo man beleidigt,
dass ich verbinde, wo Streit ist,
dass ich die Wahrheit sage, wo der Irrtum herrscht,
dass ich Glauben bringe, wo Zweifel drückt,
dass ich Hoffnung wecke, wo Verzweiflung quält,
dass ich Licht anzünde, wo Finsternis regiert,
dass ich Freude bringe, wo der Kummer wohnt.

Herr, lass mich trachten:
Nicht, dass ich getröstet werde, sondern dass ich tröste,
nicht, dass ich verstanden werde, sondern dass ich verstehe,
nicht, dass ich geliebt werde, sondern dass ich liebe.

Denn wer sich hingibt, der empfängt,
wer sich selbst vergisst, der findet,
wer verzeiht, dem wird verziehen,
und wer stirbt, der erwacht zum ewigen Leben.

Aus Frankreich

Ein Gebet von Frère Roger aus Taizé

Auferstandener Christus,
du hauchst über uns alle wie einen leichten Wind
deinen Heiligen Geist
und du sagst zu uns:
»Friede euch allen.«
Deinen Frieden annehmen,
sich von ihm durchdringen lassen
bis in die rauen Steinwüsten unseres Herzens,
heißt sich darauf vorbereiten,
zu Trägern der Versöhnung zu werden,
dort, wo du uns hingestellt hast.
Doch du weißt,
wie hilflos und unvorbereitet wir manchmal sind.
Komm und gib,
dass wir in Stille warten
und so unter den Menschen
einen Hoffnungsstrahl durchscheinen lassen.

BETEN IM UND MIT DEM

KIRCHEN-JAHR

Im Alten Testament wird folgende Geschichte von der Sintflut erzählt:
Noah erfährt eine Vision. Gott teilt ihm mit, dass er eine Arche bauen soll,
denn es wird eine große Sintflut kommen und die Menschen vernichten.
Gott ist – so die Vision – des Menschen und seiner Bosheit überdrüssig und
will nur den gerechten Noah bewahren. Noah baut die Arche, nimmt seine
Familie und von den Tieren Paare an Bord und der große Regen beginnt.
Es regnet so lange, dass die Erde überschwemmt wird und alles Leben
untergeht.

Danach sinkt der Wasserspiegel und die Menschen und Tiere aus der Arche
beginnen neu zu leben. Sie danken Gott, bauen einen Altar und hören eine
neue Verheißung Gottes.

Gott verspricht, das Leben auf der Erde nicht mehr zu vernichten, obwohl
er den Menschen nicht das Gute zutraut. Gott macht Frieden mit dem
Menschen. Das Zeichen dafür ist der Regenbogen und die Aussage Gottes:
Solange die Erde steht, sollen nicht aufhören Saat und Ernte, Frost und
Hitze, Sommer und Winter, Tag und Nacht.

Nach Genesis 7–8

GOTT STRAFT NICHT – GOTT WILL VERANTWORTLICHES LEBEN

Für viele Menschen damals und heute ist die Vorstellung eines strafenden und vernichtenden Gottes unvorstellbar und mit dem christlichen Glauben nicht vereinbar. Ohne diese Geschichte könnten Naturkatastrophen und vieles andere als Strafe Gottes gedeutet werden. Genau das Gegenteil sagt aber der uralte Mythos von Noah. Mit dieser Geschichte müsste eigentlich die Vorstellung des strafenden Gottes beseitigt sein. Sie stellt sich gegen die personifizierten Götterbilder ihrer Zeit. Unter dem Regenbogen wird ein Bund des Friedens gefeiert und die göttliche Wirklichkeit verspricht dem Menschen, ihm seine Lebensgrundlage nicht mehr zu nehmen. Der sich immer wiederholende Rhythmus der Jahreszeiten beschreibt einen Ablauf, in dem die Gegensätze sich zu einem Ganzen ergänzen.

Die Menschen haben trotzdem die Vorstellung eines strafenden und vernichtenden Gottes weiterhin gepflegt. Es ist ja auch praktisch, einen Schuldigen, einen Verantwortlichen zu haben. Wahrscheinlich ist das Bild des strafenden Gottes schon früh als pädagogisches und machtpolitisches Instrument eingesetzt worden. So wurde die Angst vor einem strafenden und vernichtenden Gott ausgenutzt, um Menschen zu disziplinieren.

Allerdings gibt es eine ernüchternde Mitteilung in der Noah-Geschichte. Die göttliche Wirklichkeit verzweifelt an der Haltung des Menschen, der die Erde und alles Leben nicht fördert, sondern bedroht und vernichtet. Leider hat sich diese Wahrheit bisher nicht zum Besseren gewandelt.

Du bist ein Gott, der mich sieht

T und M: Johannes Matthias Roth
© Alle Rechte bei Johannes Matthias Roth,
Johannes-Music Verlag, Gunzenhausen
www.johannes-music.de

Du bist ein Gott,___ der mich sieht,___

du bist ein Gott,___ der mich sieht.___

Du bist ein Gott,___ der mit___ mir___ geht,___

durch ein gan-zes Jahr._____   Hal - le - lu - ja.___

2. Du bist ein Gott, der mich hört …
3. Du bist ein Gott, der mich kennt …
4. Du bist ein Gott, der mich liebt …
5. Du bist ein Gott, der vergibt …
6. Du bist ein Gott, der mir hilft …
7. Du bist ein Gott, der mich trägt …

DER RELIGIÖSE JAHRESLAUF IN GEBETEN

Der religiöse Jahreslauf verbindet das Leben Jesu mit dem Rhythmus der Natur und den Festen, die sich daraus ergeben. Dabei feiert der Mensch, wenn er die Feste in sein Leben aufnimmt, jährlich neu die Grundthemen des Menschseins. Geboren werden und sterben, leiden und freuen, säen und ernten sind Bestandteile des Lebens. Sie werden in Erinnerung gerufen und verbinden den Menschen mit der Schöpfung, der Natur, in die er gestellt ist.
Das nebenstehende Lied »Du bist ein Gott, der mich sieht« nimmt die Begleitung Gottes durch das Jahr auf.

Es gibt zwei große Festkreise in der christlichen Tradition, den Weihnachts- und den Osterfestkreis. Zu beiden haben wir Gebete ausgewählt und formuliert. Gedanken und Gebete zu Erntedank schließen sich an. Hinweise zu Gebeten für die stillen Feiertage am Ende des Kirchenjahres finden Sie am Ende des Kapitels.

ADVENT

In der Adventszeit sind wir eingeladen, uns auf das Göttliche vorzubereiten. Sie ist eine Zeit des Innehaltens, wenn es in unserer schnelllebigen Zeit auch nur Momente sind.
Sie darf eine Zeit der Besinnung, der Gemütlichkeit und des Erwartens werden.
Im Erwarten steckt schon das Warten drin, das wir in der Adventszeit einüben können. Kinder lieben in dieser Zeit Geheimnisse. Ein Adventskalender kann an jedem Tag neu überraschen: mit Worten, Bildern und etwas zum Naschen.
Auch die vier Kerzen des Adventskranzes begleiten das Warten und erinnern an das, worauf wir warten:

Gott,

wir zünden eine Kerze an.

Sie zeigt uns, dass ein Licht die Dunkelheit durchdringen kann.

Wir zünden eine zweite Kerze an.

Sie lädt uns ein, Zeit zu haben zum Atemholen,

zum eigenen Gestalten und zum Backen.

Wir zünden eine dritte Kerze an.

Sie zeigt uns den Weg zu einem wachen, offenen Herzen.

Mit diesem weiten Herzen lass uns deine Barmherzigkeit,

deine Güte spüren.

Wir zünden eine vierte Kerze an.

Sie weist auf das Kind in der Krippe hin,

das für alle Menschen ein Zeichen der Liebe,

des Vertrauens und des Friedens sein möchte.

Amen.

Eine Anregung: Zünden Sie am Abend ein Licht in einem wirklich dunklen Raum an. Lassen Sie sich überraschen, wie viel zu sehen ist.

WEIHNACHTEN

Gott wird an Weihnachten in uns und unter uns geboren. Gott zeigt uns in diesem Kind Jesus, dass alle Menschen von Geburt an von Urgrund her gewollt und geliebt werden.

Weihnachten ist zwar auch das Fest der Liebe und des Friedens, aber noch mehr wird hier das Geheimnis Gottes sichtbar: Gott ist präsent in einem Kind und verdeutlicht so sich selbst. In Jesus wird Gott sichtbar, erkennbar, erfassbar und konkret.

Gott,
du bist eine Überraschung.
Als Kind voller Ohnmacht und angewiesen auf
die Menschen verdeutlichst du dich.
Als Kind lebst du unter den Menschen,
bei denen Kinder oft nur eine Nebensache sind.
Zu dir kommen alle Menschen, die Hirten,
die Weisen und die Könige.
Du willst uns zum Leben einladen, gegen alle Sorgen.
Du willst mit uns feiern, auch wenn wir traurig sind.
Du willst in uns und mit uns lebendig sein
und diese Erde soll deine Freude und deine Liebe erfahren.
Dafür danken wir dir.

KARNEVAL UND DER BEGINN DER FASTEN- UND PASSIONSZEIT

Wer wie wir im Kölner Raum lebt, weiß um die Einheit von jeckem Leben und Fastenzeit. Einerseits gilt es, das Leben zu feiern, andererseits geht es danach um Einkehr, Besinnung und Innehalten. Vielleicht ist in den Konfessionen der Schwerpunkt jeweils unterschiedlich ausgeprägt, aber in diesem Unterschied kann eine wertvolle Erinnerung an die jeweils andere Seite des Lebens liegen. Wenn die Protestanten zur Lebensfreude angehalten werden und die Katholiken der Fastenzeit dieselbe Intensität wie dem Karneval geben, ergänzen sich beide.

Jesus Christus,
du hast Wein getrunken, dich zu Tische gesetzt
und die Ernsthaftigkeit mit Freude durchdrungen.
Du hast die Leidenden getröstet, Kranke begleitet und geheilt,
du hast das Leiden und den Schmerz hautnah gespürt,
ertragen und erlitten.
Du hast das Leben in Brot und Wein mit uns geteilt
und deine Gegenwart versprochen.
Du kennst alle Seiten des Lebens, deshalb bist du uns so nah.
Bleibe bei uns.

PASSION

Die Passionszeit erinnert daran, dass Leiden und Schmerz zum Leben gehören, aber es nicht bestimmen müssen. So wie Jesus gegen den Tod lebte und vor dem Tod lebte, sind wir eingeladen, nicht der Illusion eines glatten, armen und banalen Lebens zu folgen.

Jesus Christus,
du hast das Leiden, das Kranksein, den Schmerz in deinem Leben,
in deinen Begegnungen nicht ausgeklammert.
Du hast die ängstlichen Gesichter gesehen,
die verkrümmten Hände und Füße,
du hast hingesehen und angepackt,
wann immer es nötig war.
Du hast mir kein Leben ohne Leiden und Schmerz versprochen,
mir keine Illusionen mit auf den Weg gegeben.
Du hast extrem gelebt und geliebt
und den Preis bezahlt.
Du hast dem Tod standgehalten,
dich nicht unterkriegen lassen.
Auch wenn sie dich ins Grab gelegt haben,
der Tod hat dich nicht vernichtet.
Du zeigst mir den Weg,
den es zu gehen lohnt.

OSTERN

An Ostern hat die Liebe den Tod besiegt. Das Leid wurde in seine Grenzen verwiesen, damit wir leben und atmen können. Der Schmerz gehört zur Wirklichkeit und will gewandelt werden, täglich.

Am Morgen,
wenn ich aufwache, Gott,
hat der Tod, der große Bruder des Schlafes,
mir eine neue Zeit gegeben.
Ich bin voll Freude,
denn du bist auferstanden,
mehr als jeden Morgen aufgestanden,
gegen die Macht des Todes, der alles relativiert.
Ich spüre deine Gegenwart in mir,
du bist auferstanden in meine Gegenwart.

Du,
Christus,
Gott des Lebens und der Liebe.
Auferstanden in die ewige Gegenwart.
Du in mir,
ich versuche in deiner Gegenwart zu sein.
Trage meine Versuche,
stärke meine Sammlung,
verlangsame mich in meiner Ungeduld,
schiebe mich an in meinem Durchhängen.
Deine Auferstehung
erwecke, die tot sind,
mitten im Leben.

HIMMELFAHRT

Das Göttliche verbindet Himmel und Erde. An Himmelfahrt feiern die Menschen, dass Jesus eins ist mit Gott. Früher haben sie sich vorgestellt, dass dies nur möglich ist, wenn Jesus im Himmel bei Gott ist. Aber Paulus verwies uns schon darauf, dass unser Leib der Tempel Gottes ist. Und dies bedeutet, dass Christus in uns auferstanden ist. »Ist dies nicht schon Ostern geschehen?«, wurde ein weiser Mensch gefragt. »Doch«, antwortete er, »aber der Mensch braucht manchmal eine Nachhilfestunde.«

Christus,
ich betrachte ein dreiblättriges Kleeblatt.
Und mit diesem Kleeblatt vor Augen
bete ich zu dir.
Christus,
ein Teil des Blattes bist du,
eins mit Gott und mit mir.
Dies trägt mich.
Gott,
ein Teil des Blattes bist du,
du entfaltest dich in Christus und mir.
Dies spüre ich.
Heiliger Geist,
ein Teil des Blattes bist du,
Du durchströmst mich mit deiner Kraft wie ein Atemhauch.
Dies stärkt mich.
Du, die ihr eins seid
und doch in verschiedenen Aspekten,
segne die ganze Schöpfung,
alles Leben
und auch mich.

Du
Atemhauch Gottes
durchwehe uns sanft
wenn wir dich spüren wollen
Du
Kraft Gottes
durchströme unsere Müdigkeit
und Kraftlosigkeit
Du
Feuer Gottes
entzünde in uns dein Licht
wenn wir nichts mehr können
und wollen
Du
es ist gut, wenn du da bist

PFINGSTEN

Pfingsten ist das Fest der Kraft und der Energie Gottes. Der Heilige Geist ist die göttliche Energie unter uns Menschen. Aus dieser Energie können wir, wie immer unsere Situation ist, schöpfen. Mal ist diese Energie wie ein sanfter Atemhauch, mal bläst sie durch das Leben wie ein Sturm und stellt alles auf den Kopf, mal ist sie wie ein Feuer, das brennt, ohne zu verbrennen.

ERNTEDANK

Am Ende des Sommers, wenn die meisten Felder abgeerntet und die Vorräte eingebracht sind, die Bäume bunte Blätter bekommen, dann ist es Zeit, innezuhalten und zu staunen über alles, was die Erde hervorbringt, Zeit, gemeinsam zu essen, zu trinken und zu feiern: Erntedank.
Früher war es ein großes Fest in jeder Gemeinschaft, weil alle wussten, wie wichtig eine gute Ernte für alle war. Heute, wo wir das ganze Jahr über fast alles kaufen können, gibt uns ein Fest wie Erntedank ein wenig von der Verbundenheit mit der Natur zurück. Viele Kirchengemeinden halten die Tradition aufrecht und feiern das Erntedankfest mit besonderen Gottesdiensten.

Gepriesen bist du, Herr, unser Gott, Schöpfer der Welt.
Du schenkst uns das Brot, die Frucht der Erde
und der menschlichen Arbeit.

Gebet aus der jüdisch-christlichen Tradition

ERNTEDANKRITUAL IN DER FAMILIE

Nicht nur in der Gemeinde, auch in der Familie können wir uns dankbar daran erinnern, was wir das ganze Jahr zur Verfügung haben. Gemeinsam können Eltern und Kinder einen kleinen Erntedanktisch gestalten und darüber sprechen, was wir zum Leben brauchen. Schön ist es, dazu

eine Decke auf einen Tisch zu legen. Darauf steht in der Mitte eine Kerze, um die herum die Gaben in einer Spirale gelegt werden.
Nachdem die Kerze angezündet wurde, wählt jede/r sich das aus, was ihm am wichtigsten ist und bringt es mit einem Satz des Dankes vor Gott:

Gott, Schöpfer aller Dinge, ich danke dir für das Brot
(die Schokolade, die Milch etc.), das ich so gerne habe.

Wir pflügen und wir streuen

T: nach Matthias Claudius 1783,
Refrain nach Jakobus 1,17; M: Hannover 1800
Der Refrain kann auch allein als Danklied gesungen werden.

Unser Vater im Himmel,
du sättigst uns mit den Gaben der Erde.
Lass uns hungrig und durstig bleiben
nach Gerechtigkeit für alle.

Traditionelles Gebet

Gebet eines Campesinos

Herr, an diesem neuen Tag danke ich dir
für alle Wohltaten,
die wir von deiner Güte empfangen:
für das Leben,
für die Gesundheit,
für die Liebe,
für die Freude.
Du willst, dass wir sie in deinen Dienst stellen
in der Arbeit,
in der Begegnung mit den Mitmenschen,
in meiner Familie,
auf dem Feld,
auf dem Weg ins Dorf,
auf dem Markt.
Wenn ich die Natur betrachte,
danke ich dir, Herr.
In ihr entdecke ich deine Größe
und deine Liebe zu uns Menschen.
In den vielen Früchten,
in den Tieren,
in den Bächen,
in den Wäldern,
in den Sternen.
Du, Herr, zeigst uns den Weg, um zu dir zu gelangen
mit unserer Hände Arbeit,
mit innigem Gebet.
Herr, für alles danke ich dir.

Aus Lateinamerika/Hugo Delgado

Fragen und Antworten zum Land des Betens

TEIL 6 – FORMEN DES BETENS

Wie kann ich beten? Gibt es vorgeschriebene Formen des Betens? Wie komme ich vom Impuls zu beten zu einem Gebet?

Nicht jedem hilft die durchaus richtige Antwort weiter: »Jeder kann so beten, wie er beten mag, wie es sich einstellt oder sich ergibt.« Denn manche Menschen empfinden trotz des Wunsches zu beten Hilflosigkeit, wenn sie beten wollen. Andere sprechen einige Worte selbst und sind unsicher, ob dies so geht und in Ordnung war.

Wie kann ich also beten? Zunächst einmal haben wir grundsätzlich die Möglichkeit, mit und ohne Worte zu beten. Vielleicht sind Sie verblüfft, dass man auch ohne Worte beten kann. Lassen Sie sich überraschen, seit Urzeiten gehört das Beten ohne Worte zum christlichen Glauben. Beginnen wir aber mit dem Vertrauten, dem Beten mit Worten.

Mit Worten beten

Auch hier gibt es wieder zwei Möglichkeiten, die sich gut ergänzen. Wir können mit eigenen Worten beten oder mit den Worten, die andere Menschen schon vorher gefunden haben.

Mit den Worten anderer Menschen beten

Den meisten Menschen helfen Gebete, die vorformuliert wurden. Dazu gibt es unzählige Gebetssammlungen aus vielen Traditionen. Sie können dabei Worte ändern, Sätze weglassen oder auch ergänzen.

Menschen, die mit der Kirche vertraut sind, finden viele Gebete im Evangelischen Gesangbuch oder im katholischen Gotteslob. Ein sehr umfangreicher Klassiker in schöner Sprache ist immer noch das Buch von Jörg Zink »Wie wir beten können«.

Auch hier im Buch finden Sie zu vielen Lebensanlässen und Situationen Gebete, die Sie sprechen können. Dabei gibt es sehr vertraute und traditionelle Texte und Gebete, die moderner formuliert sind. Wir haben die Gebete zu den jeweiligen Anlässen kommentiert und miteinander verbunden. Bitte seien Sie aber mit den Worten anderer großzügig. Manches war der Person, als sie das Gebet formulierte, sehr wichtig und ein Herzensanliegen. Sie selbst mag heute etwas anderes ansprechen. Es gibt in den Gebeten dann vielleicht Worte, die Sie nicht mitsprechen können oder die Sie nicht mitbeten wollen, weil sie für Sie nicht stimmen. Es ist selbstverständlich, dass jeder Mensch seine eigene Auswahl trifft und nur das aufnimmt, was ihm nahe und möglich ist.

Beten mit geformten Texten und Liedern

Viele Menschen greifen beim Beten auch auf gereimte Texte zurück. Oft sind es Liedstrophen, die nicht nur in früheren Generationen auswendig gelernt wurden. Im Französischen heißt auswendig lernen »mit/in dem Herzen lernen« (apprendre par cœur) und genau darum geht es beim Beten: spüren, welche Worte mich im Herzen ansprechen und zu meinen eigenen werden. Manche aus der Kindheit vertraute Texte, die haften geblieben sind, haben bis heute ihren Sinn bewahrt oder sie haben sogar über das Damalige hinaus eine weitere, tiefere Bedeutung erhalten, die es neu zu erschließen gilt. Andere Texte haben vielleicht ihre Zeit gehabt und sagen uns heute nichts mehr.

Gerade auch das Singen eines Liedes kann ein Gebet sein oder ein Gebet werden, wenn es im Singen und Beten eine Beziehung zwischen Gott und dem Menschen herstellt. Dazu reicht bereits die Absicht: Ich will Gott loben oder danken. Ein Lied kann auch unbewusst zum Gebet werden. Über die Melodie kann sich ein Text einprägen, der – ohne dass es zunächst beabsichtigt ist – in den entsprechenden Lebenssituationen gesungen wird. Abendlieder und Segensstrophen werden so oft zum Abendgebet oder Segensgebet. Auch in diesem Buch finden Sie alte und neue Lieder, die gleichsam Gebete sein können.

Mit Psalmen beten

Eine besondere Form des Gebetes ist das Beten mit Psalmen. Schon in der jüdischen Tradition sind die Psalmen Lieder, die auch Gebete waren. Auch in den christlichen Klöstern wurden von Beginn an Psalmen gesungen und gebetet, sie waren – anders gesagt – gesungene Gebete. So wird in den benediktinischen Klöstern noch bis heute zu jedem Stundengebet des Tages ein Psalm als Lied gebetet. Diese in Latein gesungenen Gebete scheinen mit ihrem Klang viele Menschen anzusprechen, ohne dass sie die Worte verstehen. Warum sonst war im Sommer 2008 die CD »CHANT: Music for paradise« mit gregorianischen Gesängen der Mönche aus dem Stift Heiligenkreuz in den normalen Charts platziert? Ähnlich können uns die Gesänge aus Taizé oder die Gesänge aus der russisch-orthodoxen Tradition berühren.

Wir müssen die Psalmen aber nicht singen. Jeder kann zu Hause Psalmen lesen und mit den Worten der Psalmen, die ihn ansprechen und die ihm behagen, beten. Eine besondere Bedeutung bekam der 23. Psalm – der Psalm vom Guten Hirten –, weil er sowohl Worte und intensive Grundbilder der Stärkung, der Perspektive, der Leidbewältigung als auch der Freude enthält (siehe Seite 228).

Mit eigenen Worten beten

Manche Menschen lieben es, von Anbeginn an mit eigenen Worten zu
beten. Eine Frau sagte einmal zu mir: »Warum soll ich mit fremden Wor-
ten beten, ich schreibe doch auch meine Briefe selbst und lasse mir die
Worte nicht von Fremden sagen.«
Was dem einen immer schon wichtig war, ist für andere Menschen eine
Schwierigkeit.

Stoßgebete

Eine vertraute und doch oft nicht als solche erkannte Form des Gebetes
ist das Stoßgebet, fast mit einem Stoßseufzer vergleichbar. Wie oft sagen
Menschen: »Gott, hilf mir« oder, noch knapper: »O mein Gott« oder gar:
»Mein Gott«. In der jeweiligen Betonung der Worte drücken sich die
spontanen Gefühle aus. So werden sie zur Klage, zum Dank, zum Stau-
nen, zum Erschrecken, zum Hilferuf …
Wahrscheinlich sind Stoßgebete wie »Jesus, hilf!« oder »Kyrie eleison
(Herr erbarme dich)« oder »Herr, mein Gott« die ältesten und spon-
tansten Gebete. Sie brauchen keine besondere Sprache, keine Zeit des
Überlegens und sind da, bevor wir eigene Worte finden.

Das persönliche Gebet

Das Stoßgebet ist sicherlich eine Gebetsform, die hilft, den Übergang von
fremden zu eigenen Worten zu finden. Beim Stoßgebet überlegt der
Mensch nicht lange, wie er das Gebet formulieren soll und will. Es spricht
sich in der Situation. Genauso kann der Mensch das eigene Gebet formulieren. Jesus selbst sagt (Matthäus 6,7): »Macht nicht viele Worte, plappert
nicht rum.« Also beginnt es ganz einfach und so darf es auch bleiben: Ein
Dank für den Morgen, eine Bitte für die Kinder oder Eltern, eine Sorge,
die mitgeteilt, eine Sehnsucht, die ausgesprochen, eine Angst, die be-

nannt, eine Freude, ein Jubel, dem Ausdruck verliehen wird, – all dies ist Gebet, wenn es der göttlichen Wirklichkeit anvertraut wird.

Ob dies laut ausgesprochen wird oder inwendig im Herzen geschieht, ist gleich wertvoll.

Meistens werden Sie ein persönliches Gebet für sich selbst sprechen, Eltern vielleicht auch für und mit ihren Kindern.

Es gibt aber auch die Tradition der Gebetsgemeinschaft, dort werden persönliche Gebete in der Gemeinschaft gebetet. Indem sie sich öffentlich Gott mitteilen, teilen die Betenden ihr Gebet auch mit den anderen. In diesem Miteinander-Teilen kann jeder das Gebet des anderen zu seinem eigenen Gebet machen und der Mensch ist gleichermaßen aufgehoben in der Beziehung zu Gott und zu den Menschen.

Solche Gebetsgemeinschaften können sehr wertvoll sein, wenn kein Gebetsdruck entsteht und wirklich die Gemeinschaft jedes Gebet trägt, kein (!) Gebet bewertet und das Miteinander-Beten nicht zur Pflicht wird, sondern als Vertiefung erfahren werden darf.

Gottesdienstliches Beten

Auch im Gottesdienst beten wir gemeinsam und schaffen so über das Gebet Gemeinschaft. Dies soll und kann eine Stütze für das persönliche Gebet sein. Die Grundgebete (vgl. Seite 180ff.) gehören sowohl zum gottesdienstlichen als auch zum persönlichen Bereich und verbinden beide. Nun ist dieses Buch kein Buch über gottesdienstliches Beten, denn liturgisches Beten – also Beten im gottesdienstlichen Bereich – hat andere Akzente und Schwerpunkte als das persönlichc Beten. Es gibt dazu spezielle Fachliteratur und sogar Ausbildungen. Allerdings hängen beide miteinander zusammen, das persönliche Beten kann den Gottesdienst bereichern und umgekehrt.

Ohne Worte beten

Kann der Mensch ohne Worte beten? Ist das Gebet nicht an Worte gebunden?

Nun, in jeder Beziehung gibt es viele nonverbale Möglichkeiten, sich zu verständigen. Man muss nichts sagen und versteht einander trotzdem. Manchmal weiß man, was der andere will – ohne jedes Wort; manches ist ohne Worte sogar klarer und leichter verständlich.

Vielleicht ist dies eine tiefere Dimension des Wortes Jesu, wenn er sagt: »Gott weiß, was ihr braucht, noch ehe ihr ihn bittet« (Matthäus 6,8). Wir haben unsere Sehnsucht, unsere Bitten, unseren Dank innerlich längst schon durch unseren Körper, durch unser Schweigen, durch unser Schluchzen, durch unseren Jubel ohne Worte ausgedrückt und verständlich gemacht. Wir beten nicht mehr, sondern wir sind ohne jedes Wort Gebet. Dies bedeutet: Ich überlasse mich als ganze Person Gott. Nicht ein Aspekt von mir betet, nicht der Kopf – sondern ich bin Gebet.

Drei Formen des Gebetes ohne Worte kommen in diesem Buch vor, die wir auch hier vorstellen.

Gebetsgebärde

Eine mittlerweile bekannte Form des Gebetes ist die Gebärde. Dies ist eine Bewegungsfolge, eventuell sogar anfangs zu einem Text, die immer in der gleichen Abfolge vollzogen wird.

Eine Gebärde geht dabei über die Bebilderung oder Untermalung eines Textes hinaus, sie verdichtet den Text und erschließt ihn in eigener Form. Im Wiederholen werden aus den Worten und dem Tun ein Fühlen und schließlich ein Sein. Beispiele finden Sie auf den Seiten 245 ff.

Beten im Schweigen

Beten im Schweigen erscheint manchen Menschen paradox. Äußerlich schweigen wir oft beim Beten, aber innerlich? Ein Lied, das den Beginn der Benediktsregel aufgreift, verdeutlicht, dass dies möglich ist:

Schweige und höre

T: Michael Hermes, © beim Autor
M: aus England

Schwei-ge und hö-re, nei-ge dei-nes Her-zens Ohr. Su-che den Frie-den!

Dies ist nicht nur ein Wort, dies ist vor allem eine Haltung, mit der der Mensch ins Beten gehen kann: Schweigen und hören. Zur Stille kommen, erst äußerlich, dann innerlich, und so gesammelt das innere Ohr, »des Herzens Ohr«, öffnen, um ganz wach in der Gegenwart Gottes zu sein.
Ein anderes Beispiel ist der Mensch, der vor einer Ikone lange schweigend verweilt oder sie sogar schweigend betend malt. Beides ist möglich.
Im inneren Schweigen zu beten erschließt eine andere Dimension des Gebetes – die Stille. Und in der Stille nimmt der Mensch sich, die Welt und Gott intensiv wahr. Ein Gebet von Jörg Zink veranschaulicht dies:

Schweigen vor dir

Schweigen möchte ich, Herr,
und auf dich warten.

Schweigen möchte ich,
damit ich verstehe,
was in deiner Welt geschieht.

Schweigen möchte ich,
damit ich den Dingen nahe bin,
all deinen Geschöpfen,
und ihre Stimmen höre.

Ich möchte schweigen,
damit ich unter den vielen Stimmen,
die deine erkenne.

Jörg Zink

Meditation und Gebet

Gehört Meditation zum Gebet oder ist Meditation sogar Gebet? Hier werden sich die Geister scheiden, es wird genug Menschen geben, die diese Gleichsetzung oder Verbindung ärgern wird. Aber was ist Meditation dann, wenn nicht Gebet?

Nicht nur für uns beide ist Meditation schweigendes Gebet in einer besonderen Form und Haltung. Da wir beide recht unterschiedliche Meditationswege gehen und hier doch einer Meinung sind, gilt es darzulegen, was an Meditation generell Gebet ist. Meditation ist für uns eine äußere und innere Haltung des Schweigens, in der der Mensch sich in die absolute göttliche Wirklichkeit hinhält und alles, was daran hindert, hinter sich lässt. Die äußere Haltung und die innere Haltung bedingen und unterstützen sich gegenseitig und erlauben eine subjektiv größtmögliche Sammlung und Präsenz. In dieser Präsenz können göttliche Wirklichkeit und Mensch eins werden oder, mit Jesus gesprochen: »Ich bin in dir und du bist in mir.«

Diese Sichtweise der Meditation setzt allerdings voraus, dass der Meditierende nicht nur mittels einer Technik bei sich selbst ankommen und entspannen und Ruhe finden will. Dieses reduzierte Verständnis von Meditation beraubt Meditation ihres Ursprungs und ihrer religiösen Identität. Meditation sollte einen Bezug zu Gott haben.

Wiederkehrende Gebete

Einige bekannte Gebete der Christenheit werden regelmäßig wiederholt bzw. kommen immer wieder vor. Dies kann in einem doppelten Sinne geschehen. Das Vaterunser kann z.B. zu unterschiedlichen Anlässen gebetet werden und stellt so etwas wie ein universales Gebet da. Ob aus Dank oder aus Trauer, ob als Bitte oder Sehnsucht, das Vaterunser hat in sich für vieles Worte. Gleichzeitig verbindet das Vaterunser die Christen weltweit, es ist das Gebet, das uns das Neue Testament mit auf den Weg gibt.

Meist wird es nur einmal gesprochen, es kann aber auch unzählige Male hintereinander wiederholt werden. Dann wird das Gebet in seiner Wiederholung fast zur Meditationspraxis. Der Wortlaut verliert zwar nicht seinen Sinn, tritt aber zurück. Dieses wiederholte Beten, für das sich neben dem Vaterunser auch andere Gebete, z.B. der Rosenkranz in der katholischen Tradition oder ein Psalmvers, eignen, gibt dem Beten einen Rhythmus und ermöglicht eine einfache, schlichte Praxis intensiven Gebetes. Dabei geht es wie in der Meditation weniger um den Ausdruck meiner Person im Wort als um ein durch das Gebet geführtes Verweilen in der Gegenwart Gottes.

LOB UND PREIS SEI DIR

Singet dem Herrn ein neues Lied,
singt dem Herrn, alle Länder der Erde!
Singt dem Herrn und preist seinen Namen,
verkündet sein Heil von Tag zu Tag!

Aus Psalm 96

Jauchzt vor dem Herrn, alle Länder der Erde!
Dient dem Herrn mit Freude!
Kommt vor sein Antlitz mit Jubel.

Aus Psalm 100

Lobe den Herrn, meine Seele,
und alles in mir seinen heiligen Namen!
Lobe den Herrn, meine Seele,
und vergiss nicht, was er dir Gutes getan hat.

Aus Psalm 103

ZWECKFREI BETEN – DER VOM ZWECK BEFREITE GOTT

Ist Beten sinnvoll, wenn Beten zweckfrei und ohne jeden Hintersinn, ohne jede Absicht geschieht? Die Frage ist provozierend, irritierend und vielleicht sogar verunsichernd. Und dies mit Absicht.

Fast alles, was wir tun, tun wir mit Absicht und müssen wir mit Absicht tun. Wie oft musste ich selbst Zielvorstellungen entwickeln, Ziele erreichen, Zielplanungen verändern, Ergebnisse benoten und Arbeiten einschätzen? Wie oft musste und werde ich noch werten und bemessen?

Und diese Maßstäbe und Ebenen des Lebens sollen beim Beten nicht gelten?

Sind Worte der Klage und Freude, sind Selbsterkenntnis und Gottesbegegnung, Meditation und Körpergebet zweitrangig?

Wir ahnen, dass es auf diese Fragen eine überraschende, nicht so einfache Antwort geben könnte. Letztlich oder gar in seinem Ursprung ist Beten im Blick auf den Betenden zweckfrei und ohne jeden normalen und gewohnten Sinn.

Beten ist einfach loben und preisen, Beten erfreut sich an der Schönheit der Schöpfung, an der Tiefe der Liebe, an der absoluten Freiheit, nichts, aber auch gar nichts zu müssen.

Manchmal bete ich aus purer Freude darüber, dass die göttliche Wirklichkeit da ist, einfach da ist und ich nichts daran ändern kann und will und soll und muss. Manchmal bete ich, weil ich einfach nur singen will, aus mir heraus singen will, ohne jedes Weil, ohne jede Begründung. Dies nennen wir loben. Es ist gut, sich manchmal ohne Ziel und Absicht an Gott und der Welt zu erfreuen. So ist Gott Gott und nicht von Menschen für irgendetwas verzweckt.

»All ihr Völker, lobet den Herrn«, heißt es in Psalm 117. Eine Melodie aus Taizé bringt das Psalmwort zum Klingen:

Laudate omnes gentes

M: Jacques Berthier (1923–1994)
© Ateliers et Presses de Taizé, F-71250 Taizé-Communauté

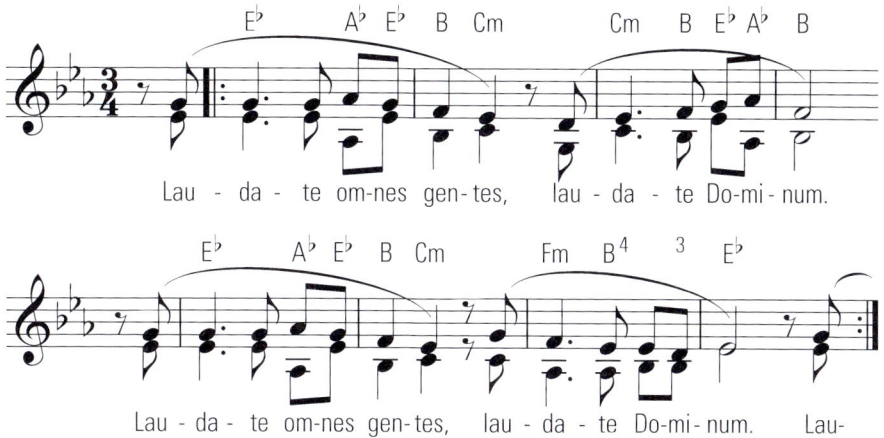

GEBETE ZUM LOB GOTTES

Es gibt viele Situationen, in denen wir Gott loben und ihm danken und so finden sich auch in anderen Kapiteln dieses Buches entsprechende Gebete.

Da sind Momente, in denen uns tiefes Glück durchzieht, Momente, in denen wir im Innersten zufrieden sind, Momente, in denen wir vor Freude jubeln könnten.

Dann kommen uns Worte des Lobes und des Dankes in den Sinn und berühren uns im Herzen. Meist ist es dann gar nicht schwer, zum Gebet zu finden. »Wenn das Herz voll ist, quillt der Mund über«, so sagt der Volksmund.

Doch manchmal ist unser Empfinden grundsätzlicher, geht über den An-schein des Augenblicks hinaus. Vielleicht spüren wir etwas von der Größe Gottes und ahnen, was es heißt, nie aus seiner Liebe, aus seiner Gegen-wart herauszufallen. Und diese Zusage gilt ja nicht nur uns, sondern allen Menschen, die sich an Gott wenden. Deshalb verbindet uns diese Zusage auch miteinander. Wir können spüren, dass wir in all unserer Unterschiedlichkeit doch einen gemeinsamen Ursprung haben. Und so ist der gemeinsame grundlegende Lobpreis für Gott, der in vielen Psalmen zum Ausdruck kommt, auch eine Einladung zum persönlichen Gebet: Wir können Gott loben und ihm danken, weil er ist und weil wir sind.

Lobt Gott, lasst uns singen und tanzen,
denn er hat uns geschaffen und ist uns nah.

Oder, Psalm 34 nachempfunden:

Gott, dich will ich preisen alle Zeit,
dich will ich loben jeden Tag.
Über dich darf sich alles freuen,
was sich in mir regt.
Die Elenden sollen es hören,
damit auch sie wieder Freude erfahren.
Miteinander wollen wir deine Taten preisen,
gemeinsam wollen wir dich, Gott, zur Geltung bringen.
Denn du bliebst nicht stumm,
als ich dich suchte,
aus allen meinen Ängsten hast du mich befreit.
Die auf dich sehen, werden strahlen vor Freude,
und ihr Vertrauen wird nicht enttäuscht.
Dein Engel stellt sich schützend vor alle,
die dich fürchten, und hilft ihnen heraus.
Glücklich ist, wer sich auf dich verlässt, Gott.
Lobsingt Gott, erhebt Gottes Namen.

Hanne Köhler

Es müssen nicht viele Worte sein. Im Neuen Testament finden wir den Lobpreis, den wir in jedem Gottesdienst sprechen, der aber auch als ein tiefes Stoßgebet unsere innere Berührung ausdrücken kann.

Ehre sei dem Vater und dem Sohne und dem Heiligen Geist.

Mit diesen Worten nähern wir uns dem Geheimnis an, das wir Gott nennen.

Worte wie Ehre und Ehrfurcht mögen veraltet erscheinen, doch wenn wir mit der Astrophysik einen Blick in die Weite des Weltraums werfen oder mit der Molekularbiologie oder der Physik der Elementarteilchen in kleinste Einheiten des Lebens vordringen, dann wirft jede Entdeckung nur neue Fragen auf und lässt uns staunen, mit Ehrfurcht staunen, vor der Kraft, die dies alles geschaffen hat.

Wenn wir die Zeiträume des Universums sehen und unsere eigene Lebenszeit, wenn wir die Reichweite menschlicher Möglichkeiten vergleichen mit der Größe des Universums, dann können wir vielleicht die Worte des hl. Augustinus nachempfinden:

Herr, du bist groß und hoch zu loben;
groß ist deine Macht, deine Weisheit ohne Ende.
Und dich zu loben wagt der Mensch,
ein winziger Teil deiner Schöpfung,
der Mensch, der dem Tod verfallen ist,
der weiß um seine Sünde und weiß,
dass du den Hoffärtigen widerstehst,
und dennoch, du selbst willst es so:
Wir sollen dich loben aus fröhlichem Herzen;
denn du hast uns auf dich hin geschaffen,
und unser Herz ist unruhig, bis es Ruhe findet in dir.

Aurelius Augustinus

O Gott, ich bete dich an:
du Weisheit, die mich erdacht,
du Wille, der mich gewollt,
du Macht, die mich geschaffen,
du Gnade, die mich erhoben,
du Stimme, die mich ruft,
du Wort, das zu mir spricht,
du Güte, die mich beschenkt,
du Vorsehung, die mich leitet,
du Barmherzigkeit, die mir vergibt,
du Liebe, die mich umfängt,
du Geist, der mich belebt,
du Ruhe, die mich erfüllt,
du Heiligkeit, die mich wandelt,
dass ich nimmer ruhe, bis ich dich schaue:
O Gott, ich bete dich an.

Traditionelles Gebet

Auch in den Gesangbüchern finden wir große Choräle des Lobpreises
Gottes. Ein Choral, in den viele mit vollem Herzen einstimmen können,
stammt aus den Anfängen der Christenheit:

Großer Gott, wir loben dich; Herr, wir preisen deine Stärke.
Vor dir neigt die Erde sich und bewundert deine Werke.
Wie du warst vor aller Zeit, so bleibst du in Ewigkeit.

Alles, was dich preisen kann, Cherubim und Seraphinen,
stimmen dir ein Loblied an; alle Engel, die dir dienen,
rufen dir stets ohne Ruh »Heilig, heilig, heilig« zu.

Dich, Gott Vater auf dem Thron, loben Große, loben Kleine.
Deinem eingebornen Sohn singt die heilige Gemeinde,
und sie ehrt den Heilgen Geist, der uns seinen Trost erweist.

Ignaz Franz 1771, nach dem Te Deum aus dem 4. Jh.

In anderen Worten drückt es Paul Gerhardt, der große Liederdichter des
17. Jahrhunderts, aus:

Sollt ich meinem Gott nicht singen? Sollt ich ihm nicht dankbar sein?
Denn ich seh in allen Dingen, wie so gut er's mit mir mein'.
Ist doch nichts als lauter Lieben, das sein treues Herze regt,
das ohn Ende hebt und trägt, die in seinem Dienst sich üben.
Alles Ding währt seine Zeit, Gottes Lieb in Ewigkeit.

Wenn ich schlafe, wacht sein Sorgen und ermuntert mein Gemüt.
Dass ich alle liebe Morgen schaue neue Lieb und Güt.
Wäre mein Gott nicht gewesen, hätte mich sein Angesicht
nicht geleitet, wär ich nicht aus so mancher Angst genesen.
Alles Ding währt seine Zeit, Gottes Lieb in Ewigkeit.

Paul Gerhardt

Aus der heutigen Zeit stammt der folgende Liedsatz, den wir persönlich sehr gerne singen:

Heilig bist du, Ursprung der Welt

T: Jörg Zink; M: Hans-Jürgen Hufeisen
© www.hufeisen.com

Wenn wir Gott mit aller Offenheit begegnen und uns seiner Größe bewusst werden, dann macht uns dies nicht klein oder abhängig, sondern frei. Dann können wir das Leben annehmen und im Annehmen kann es sich wandeln zu einem großen Fest. Vielleicht können wir dann mit einem anderen Gebet Jörg Zinks sprechen:

Herr, wir preisen dich,
wir beten dich an, wir rühmen deine Herrlichkeit.

Wir freuen uns an dem festlichen Tag,
den wir aus deiner Hand empfangen.

Wir danken dir für das Mahl
und für allen Überfluss, den wir genießen.

Wir danken dir für den Trank,
Sinnbild und Zeichen des Festes.

Wir danken dir für alle Liebe, die uns umgibt,
für alle Nähe von Menschen, die wir lieben.

Wir danken dir, dass du uns Grund gibst,
fröhlich und guter Dinge zu sein.

Wir danken dir für dein Geleit
bis zu dieser Stunde.

Wir freuen uns über alles, was gelingen darf,
und glauben dir, dass zuletzt unser ganzes Leben gelingen wird.

Wenn wir nach aller Mühe
dein Fest feiern in aller Ewigkeit.

Jörg Zink

MIT

PSALMEN

BETEN

Jesus fastete in der Wüste vierzig Tage lang. Er klärte in der Stille und Einsamkeit seinen Weg. Da wurde er versucht, es trat der Verführer an ihn heran. Es war wie eine Stimme in ihm, die sagte: »Mache diese Steine zu Brot, dann wird deutlich, dass du Gottes Kind bist!«

Jesus erschrak und hielt inne. Es wurde ihm deutlich: Der Mensch lebt nicht nur vom Brot allein, der Mensch braucht ein sinnerfülltes, von Gott gefülltes Leben. Aber es ließ nicht nach, immer wieder spürte er die Versuchung. Er stand auf der Spitze des Tempels und die Stimme sprach wieder: »Stürz dich von der Spitze. Wenn du Gottes Kind, Gottes Sohn bist, dann werden dich Engel auf ihren Händen tragen und dein Fuß wird an keinen Stein stoßen.«

Jesus war verwirrt, aber ihm war klar: Du sollst Gott nicht testen, nicht ausprobieren, Vertrauen ist wichtiger. Als er schon dachte, die Versuchungen, die Verwirrungen und Irritationen hörten auf, sah er von einem hohen Berg alle Reiche dieser Welt und spürte alle Macht und ihre Versuchungen.

Die Stimme sagte: »Bete mich an, die Macht und den Reichtum.« Jesus aber erkannte die Versuchung und sagte zu sich: »Weg mit dir, du Verwirrer und Widersacher. Ich will Gott alleine dienen und vertrauen.« Und in ihm trat Ruhe ein. Er ging gestärkt aus dieser Auseinandersetzung hervor.

Matthäus 4,1–11

DER MISSBRAUCHTE GOTT

Selbst Jesus ist nicht dagegen gefeit, verwirrt, irritiert und versucht zu werden. Jesus muss und will sich darüber klar werden, was seine Lebensaufgabe ist und wie er sie erfüllen kann. Es kommt in ihm zur Auseinandersetzung und zur Klärung. Ich verstehe dies als einen inneren Prozess der Reinigung und Klärung, wie er im Leben und besonders im spirituellen Leben immer wieder notwendig ist.

Geschieht diese Klärung nicht, kommen wir immer wieder in Gefahr, Gott für eigene Phantasien, Illusionen und Vorhaben zu missbrauchen. Dies kann mit Absicht, aber auch unbewusst geschehen. Die drei Versuchungen in dieser Geschichte sind typisch für eigennützige Bestrebungen, für die Gott immer wieder missbraucht wurde und wird (auch von den Kirchen):

❭ Gott soll die Probleme dieser Welt beseitigen, die durch die Natur, durch Katastrophen, meist aber durch die Menschen selbst verursacht sind. Der Mensch hat jedoch selbst die Aufgabe, z.B. den Hunger durch Gerechtigkeit zu besiegen.

❭ Gott wird von den Menschen gerne getestet nach dem Motto: Ich begebe mich in eine Situation und sage dann: Wenn es dich, Gott, gibt, dann rette mich. Dies ist nichts anderes als ein Lückenbüßer-Gottesbild.

❭ Gott oder Macht und Reichtum – für eins von beiden soll der Mensch sich entscheiden, nur eins kann er anbeten. Bis heute gilt dieses Entweder-Oder. Doch der Mensch könnte den Gegensatz aufheben und aus Gottes Geist verantwortlich mit Macht und Fülle umgehen.

Wir sehen also, selbst Jesus gerät in seiner eigenen Klärung in eine Auseinandersetzung mit der göttlichen Wirklichkeit. Auch dies nennen wir Beten.

DIE PSALMEN – DAS LEBEN BETEN, WIE ES IST

Psalmen sind reichhaltig. Reichhaltig an Dank, Lob, Vertrauen, Enttäuschung, Wut und Sehnsucht nach Vernichtung des Bösen. Selbst der Verwirrer und Versucher in der obigen biblischen Geschichte bedient sich eines wunderbaren Psalmwortes (Psalm 91, Verse 11 und 12), um Jesus ein zweites Mal in Versuchung zu führen. Manches Psalmwort ist uns heute fremd, manches kann uns sehr nah sein. Ich möchte einige Möglichkeiten aufzeigen, wie man heute mit Psalmen beten kann.

Psalm 23

Der Herr ist mein Hirte,
mir wird nichts mangeln.
Er weidet mich auf einer grünen Aue
und führt mich zum frischen Wasser.
Er erquicket meine Seele.
Er führt mich auf rechter Straße um seines Namens willen.
Und ob ich schon wanderte im finsteren Tal,
fürchte ich kein Unglück,
denn du bist bei mir,
dein Stecken und Stab trösten mich.
Du bereitest vor mir einen Tisch im Angesicht meiner Feinde.
Du salbst mein Haupt mit Öl und schenkst mir voll ein.
Gutes und Barmherzigkeit werden mir folgen mein Leben lang,
und ich werde bleiben im Hause des Herrn (in der Gegenwart Gottes)
immerdar.

Beten mit diesem Psalm:

Dieser Psalm enthält viele Bilder, die wir als Urbilder des Lebens bezeichnen. Diese inneren Bilder sind alle heilsam. Sie beschreiben Lebenssituationen, die uns gut tun, die uns herausfordern oder die zu beachten und zu durchschreiten sind.
Suchen Sie sich das Bild aus, das Sie jetzt anspricht. Dann fassen Sie dieses Bild in einem (eigenen) Satz zusammen. Lassen Sie das Bild auf sich wirken und lassen Sie es sich innerlich weiter entfalten. Schreiben Sie dann Ihren Satz auf und ergänzen Sie ihn mit eigenen Worten, die sich aus der Situation ergeben.
Ein Beispiel:

Du bist bei mir. Dein Stecken und Stab trösten mich.
Ich gehe meinen Weg, du begleitest mich.
Ich kann mich auf dich stützen, wie auf einen Stab.
So gehe ich Schritt für Schritt
und tue nur, was ich kann,
denn meine Kraft ist bescheiden.
Es ist gut, dass ich mich an dich anlehnen kann.

Aus Psalm 31 in der Übersetzung Martin Luthers

Herr, auf dich traue ich,
lass mich nimmermehr zuschanden werden,
errette mich durch deine Gerechtigkeit.
Neige deine Ohren zu mir, hilf mir eilends!
Sei mir ein starker Fels und eine Burg, dass du mir hilfst.
Denn du bist mein Fels und meine Burg,
um deines Namens willen wollest du mich leiten und führen.

Du wollest mich aus dem Netze ziehen,
das sie mir heimlich stellten,
denn du bist meine Stärke.
In deine Hände befehle ich meinen Geist,
du hast mich erlöst, du treuer Gott.
Herr, sei mir gnädig, denn mir ist angst.
Mein Auge ist trübe geworden vor Gram,
matt meine Seele und mein Leib.
Ich aber, Herr, hoffe auf dich und spreche:
Du bist mein Gott.
Meine Zeit steht in deinen Händen.

Beten mit diesem Psalm:

Lesen Sie den Psalm ein- oder zweimal, wenn möglich sogar laut. Halten Sie inne und spüren Sie nach, welches Wort als Gebet aus diesem Psalm in Ihnen nachklingt und das Sie beten möchten. Wiederholen Sie nur dieses Wort mehrmals und verweilen Sie damit in der Stille.

Aus Psalm 27 in freier Übertragung

Gott ist mein Licht und mein Heil,
vor wem sollte ich mich fürchten?
Gott ist meines Lebenskraft,
vor wem sollte mir grauen?
Wenn Übeltäter an mich wollen, um mich zu verschlingen,
meine Widersacher und Feinde,
sollen sie selber straucheln und fallen.
Eins bitte ich von Gott, das hätte ich gerne,
dass ich in seiner Gegenwart mein Leben lang bleiben könnte.

Gott deckt mich in meiner Hütte zur bösen Zeit.
Er birgt mich im Schutz seines Zeltes.
Gott, höre meine Stimme, wenn ich rufe,
sei mir gnädig und erhöre mich.
Du bist meine Hilfe, verlass mich nicht,
halte deine Hand über mich,
Gott mein Heil.
Gott, weise mir deinen Weg und leite mich auf ebener Bahn.
Ich vertraue darauf, dass ich deine Güte, Gott, erfahren werde
im Land der Lebendigen – hier und jetzt.

Beten mit diesem Psalm:

Dieser Psalm hat viele kurze Sätze und Halbsätze. Sie enthalten Bitten, Dank, Sehnsucht, Sorge, Angst, Vertrauen … Lesen Sie diesen Psalm und wählen Sie einen kurzen Satz aus, der Ihrer Stimmung heute entspricht, der Sie heute, an diesem Tag, begleiten soll. Wiederholen Sie diesen Satz mehrmals in der Stille und nehmen Sie ihn mit in den Tag. Vielleicht schreiben Sie den Satz auch auf einen Zettel und schauen ihn sich ab und zu an diesem Tag an. Halten Sie dazu kurz inne. So beten Sie.
Am Abend können Sie den Psalm noch einmal lesen bzw. den Tag mit Ihrem Satz abschließen.

Psalm 139,1–4 in freier Übertragung

Gott, du erforscht mich und kennst mich.
Ich sitze oder stehe auf, du bist da.
Du erfasst meine Gedanken.
Ich gehe oder liege, du bist da.
Du begleitest mich auf meinen Wegen –
ohne jede Ausnahme.
Ich sage kein Wort,
das dir nicht vertraut ist,
du kennst mich in- und auswendig.

Beten mit diesem Psalm:

Nehmen Sie diese Worte als Impuls auf und nehmen Sie sich Zeit, diese Worte nachzuvollziehen. Spüren Sie, was dies in Ihnen berührt, was es für Sie bedeutet.

Wenn die göttliche Wirklichkeit Sie in Ihrer Ganzheit erfasst, dann sind Sie eingeladen, sich auch wahrzunehmen, sich zu erforschen, sich zu erkennen, Ihre Worte zu prüfen und sich begleiten zu lassen.

Die Worte können nach einer stillen Zeit (nach einigen Minuten oder nach einem Tag) wiederholt werden und mit einem »Amen« (»So ist es«) abgeschlossen werden.

Psalm 139, 5.8–9 in freier Übertragung

Von allen Seiten umgibst du mich und
hältst deine Hand über mir.
Führe ich in Richtung Himmel,
du bist da.
Lagerte ich mich am entgegengesetzten Ort
unter der Erde,
da, wo die Toten ihre Ruhe finden, du bist da.
Nähme ich die Flügel der Morgenröte
und flöge ich zum Ende des Meeres,
du bist da.
Von allen Seiten umgibst du mich und
hältst deine Hand über mir.

Beten mit Psalm 139,5.8–9:

Die Worte dieses Psalms laden ein, sie in einem Körpergebet konkret zu erfahren und auszudrücken:

Von allen Seiten umgibst du mich	Den ganzen Raum um sich spüren und darüber hinaus.
und hältst deine Hand über mir.	Die Hände über die Seite über den Kopf führen, es entsteht ein Dach.
Führe ich in Richtung Himmel,	Die Hände zum Himmel (in V-Form) strecken.
du bist da.	Die Hände auf den Herzraum legen.
Lagerte ich mich am entgegengesetzten Ort unter der Erde, da, wo die Toten ihre Ruhe finden,	Die Arme nach vorne ausstrecken, dann den Rücken beugen und sich ganz zum Boden bücken.
du bist da.	Sich aufrichten und die Hände auf den Herzraum legen.
Nähme ich die Flügel der Morgenröte	Die Arme nach den Seiten weit ausstrecken
und flöge ich zum Ende des Meeres, du bist da.	und die Hände auf den Herzraum legen.
Von allen Seiten umgibst du mich	Den ganzen Raum um sich spüren und darüber hinaus.
und hältst deine Hand über mir.	Die Hände über die Seite über den Kopf führen, es entsteht ein Dach.

Psalm 139,16

Deine Augen sahen mich,
als ich noch nicht bereitet war.

Beten mit diesem Psalm:

Beten Sie mit diesem Psalmvers und entdecken Sie seine Tiefe.
Sie können dies auch sehr gut im meditativen Schreiben tun.
Beginnen Sie und lassen Sie Ihr Herz den Stift führen.
Ein Beispiel:

Gott, du hast mich gewollt.
Du hast mich wahrgenommen, als ich noch nicht war.
Wenn niemand mich will, du wolltest mich immer schon.
Ich wurde von dir geliebt, bevor ich gezeugt und geboren war.
Wenn die Grenzen der Liebe sichtbar werden,
du willst mich und liebst mich grenzenlos.
Es ist gut, dies zu wissen.
Es ist noch besser, dies zu spüren.
Es ist das Größte, aus deiner Wirklichkeit zu kommen
und ohne Anfang und Ende in ihr geborgen zu sein.

Mein Glaube –
ganz persönlich gesagt

Manchmal werden wir gefragt: »Was glauben Sie eigentlich? Können Sie das mal kurz zusammenfassen, dann weiß ich wovon Sie reden.« So haben wir beide je unsere eigenen Antwortversuche verfasst, um auszudrücken, was uns wichtig ist. Die Antworten haben wir im Folgenden zusammengeführt:

- Gott beschreibt sich selbst, also die göttliche Wirklichkeit, mit den Worten: »Ich bin.«
- Jesus sagt von sich dasselbe: »Ich bin«, und er verdeutlicht es mit den Worten: »Ich bin das Leben.« »Ich bin das Brot.« »Ich bin die Wahrheit.« »Ich bin der Weg.« »Ich bin der Weinstock, ihr seid die Reben«. »Ich bin in dir und du bist in mir.«
- Ich (der Mensch) bin präsent in Gottes Präsenz oder, anders gesagt: in Gottes ewiger Gegenwart bin ich gegenwärtig. So darf ich auch sagen: Ich bin.
- Ich bin Gottes Partner bzw. Partnerin, ich bin das Ebenbild Gottes mit all meinen Schwächen.
- Ich bin geliebt und gewollt von Anfang an – vom Urgrund des Lebens. Ich bin geliebt und gewollt – ohne Wenn und Aber.
- Ich bin ein Liebender. Ich kann Gott, andere Menschen und mich selbst lieben! Dies ist kein Muss, sondern eine meiner großartigen Möglichkeiten.
- Ich bin unvollkommen, ich werde nie perfekt und kann deshalb mein Potenzial leben und meine Grenzen akzeptieren.
- Ich bin voller Glück und Freude, voller Leid und Schmerz. Geboren werden und sterben wird in meinem Leben sein und wird es immer wieder geben. Das ist Leben.

> Ich bin durchdrungen von Gottes Geist und damit im Kern gut und brauche deshalb nicht an mir zu verzweifeln.
> Ich bin erbarmungswürdig, auch da, wo ich schuldig geworden bin.
> Ich bin wertvoll genug für den Neuanfang, den ich im Leben tagtäglich brauche.
> Ich bin beziehungsfähig, beziehungswürdig und beziehungsorientiert.
> Ich bin beauftragt, die Welt und das Leben mitzugestalten.

Gott ist.
Gott ist gegenwärtig.
Und wo ich gegenwärtig bin, kann ich ihn erfahren.

Gott ist.
Gott ist Ursprung, Quelle und Wandler alles Lebendigen.
Im Lebendigen kann ich ihm begegnen.

Gott ist.
Gott ist wie Atem und Luft.
Er ist in mir und umhüllt mich, in ihm bin ich geborgen.

Gott ist.
Gott ist in jedem von uns.
»Was du dem Geringsten meiner Brüder getan hast,
das hast du mir getan.«

Gott ist.
Gott ist Liebe.
»Wo die Liebe ist, da ist Gott.«

BETEN

MIT DEM KÖRPER

In einer langen Hungersnot kamen viele Israeliten nach Ägypten und lebten dort. Viele wurden Arbeiter und manche Sklaven. Sie arbeiteten an den großen Palästen und Pyramiden mit. Sie wurden Hebräer genannt, dies bedeutet Gastarbeiter oder, noch klarer, Fremdarbeiter. Mose übernahm die Aufgabe, Menschen aus seinem israelitischen Volk in die Freiheit und zurück nach Israel zu führen. Sein Bruder Aaron und seine Schwester Mirjam unterstützten ihn dabei.

Nach langen Auseinandersetzungen ließ der Pharao, der oberste Herrscher und Priester Ägyptens, die Israeliten endlich ziehen. Noch in der Nacht dieser Zusage machten sie sich auf den Weg. Die Israeliten trauten dem Pharao nicht und sie hatten Recht. So viele billige Arbeitskräfte wollten die Mächtigen in Ägypten nicht verlieren. Deshalb wurden Soldaten ausgeschickt. Sie verfolgten die Israeliten und sollten sie zurückbringen.

Die Israeliten sahen die Staubwolken des herannahenden Heeres. Die Menschen hatten Angst und verzweifelten. Sie standen am Rand eines Meeres. Es wurde Schilfmeer genannt und es gab keinen Ausweg und kein Durchkommen. Alles schien sinnlos. Doch wo kein Ausweg mehr ist, tut sich manchmal ein neuer Weg auf. Das Meer teilte sich, öffnete einen Weg und die Israeliten gelangten auf die andere Seite des Meeres.

Die Soldaten aber jagten ihnen nach. Sie folgten ihnen durch das Meer und, was für die Israeliten ein Ausweg war, wurde für die Verfolger zum Verhängnis. Sie kamen mit Mann und Maus im zurückströmenden Meer um. Die Israeliten waren gerettet. Für Mirjam, die Schwester Moses, war klar: Gott hatte sie gerettet und beschützt. Und sie betete in einer ganz besonderen Weise zu Gott. Sie sang ein Lied und tanzte dazu. Und die Menschen, die Männer und Frauen, die Alten und Jungen, tanzten mit Mirjam.

Nach Exodus 14 und 15

DER MITTANZENDE,
SICH FREUENDE GOTT

Dank und Freude sind auch körperliche Ausdrucksformen des Gebetes. Mirjam tanzt ihre Freude und teilt sie mit Gott. Es hätte sich vielleicht eine einfachere und glattere biblische Geschichte angeboten, um diesen Aspekt des Gebetes zu verdeutlichen.

Manche von Ihnen, liebe Leserinnen und Leser, werden fragen, ob es eine so schreckliche Geschichte sein muss, in der Menschen umkommen, um den Aspekt der Freude, des Lobes mit dem Körper zu verdeutlichen.

Es gibt einige Gründe, warum wir uns bewusst für diese Geschichte entschieden haben:

❯ Wir machen die Erfahrung, dass wir im Leben existenziell – auch von Menschen – bedroht werden. Und diese Erfahrung setzt sich in unserem Leib fest. Dies ist eine Wahrheit und es ist eine Katastrophe und Verniedlichung, darüber hinwegzusehen.

❯ Die göttliche Wirklichkeit will nicht, dass Menschen versklavt und vernichtet werden. Die Verantwortung für solche Taten tragen Menschen. Wer andere vernichten will, muss damit rechnen, dass dies auf ihn zurückfällt. Dies geschieht in dieser Geschichte im wahrsten Sinne, das Wasser fällt auf die Verfolger zurück.

❯ Die Rettung und die Abwendung der Gefahr werden in einem starken Bild beschrieben. Was für die einen zum Ausweg aus ihren Ängsten wird, hat für die Verursacher vernichtende Folgen. Allerdings muss man auch den Ausweg (durch die Wassermassen oder durch die Bedrohungen und Ängste) wagen. Und Tanzen ist dann mehr als ein Zeichen der Befreiung, es befreit selbst. Es gibt den Ängsten Raum und wandelt sie.

❯ Kinder hören und erleben die Geschichte, wenn sie in keiner Richtung moralisiert wird (die bösen Ägypter oder alternativ der böse Gott), als eine Geschichte der Rettung und sind erst dann ganz beruhigt, wenn die Soldaten wirklich niemanden mehr bedrohen können. Kinder lernen nicht Gewalt oder Furcht erregende Gottesbilder durch solche Geschichten. Diese Geschichten sind vielmehr Zeichen der Hoffnung, dass Menschen aus Katastrophen herausfinden können. Dies will auch Gott, so ist Freude, Lob und Tanz angesagt.

MEDITATIVER TANZ

Lange war der Tanz aus den Kirchen verschwunden, doch nach und nach haben die Menschen wieder entdeckt, dass wir auch mit unserem Körper beten können. Beim meditativen Tanz sind wir gemeinsam auf die Mitte, auf Gott ausgerichtet und lassen uns durch den Rhythmus der Musik tragen. Es gibt Tänze zu kurzen Liedern, die sich in der Wiederholung von Text und Musik immer mehr vertiefen. So können wir den Kanon »Schweige und höre« (Seite 211) oder »Heilig bist du« (Seite 222) oder »Nada te turbe – Nichts soll dich ängstigen« mit einfachen Schritten tanzen. Letzterer ist ein Liedruf aus Taizé nach den Worten der Teresa von Avila und ergänzt gut den Anfang dieses Kapitels (Noten dieses und vieler anderer Lieder aus Taizé sind zu finden unter www.taize.fr).

Nichts soll dich ängstigen,
nichts soll dich erschrecken,
wenn du Gott hast, was soll dir fehlen?
Gott allein genügt.

Teresa von Avila

Aber auch geistliche Instrumentalmusik kann die Grundlage des meditativen Tanzes bilden. Meistens werden meditative Tänze mit mehreren getanzt, doch auch der Einzelne kann sich im Tanz vor Gott ausdrücken, so wie David es auch tat.

GEBETSHALTUNGEN – AUSDRUCK MEINER SELBST VOR GOTT

Wenn wir beten wollen, ist unsere Aufmerksamkeit meist auf die Worte gerichtet. Eigentlich beginnt das Gebet aber schon vorher: Ich richte mich innerlich und auch äußerlich auf das Gebet aus und sammle mich, konzentriere mich auf mich selbst und auf Gott.

Wahrscheinlich ist es uns gar nicht so bewusst, aber wir verändern fast immer unsere Körperhaltung, wenn wir beten wollen. Vielleicht haben wir von Kind an eine bestimmte Haltung gelernt, in die der Körper dann wie von selbst findet, wir richten uns auf, senken vielleicht den Kopf, falten die Hände oder legen sie aneinander, vielleicht knien wir nieder oder stehen bewusst auf. Alle diese Haltungen kommen nicht von ungefähr, sie drücken bereits etwas von unserer inneren Orientierung aus. Wir gehen gegen unsere Zerstreuung an, konzentrieren uns nach innen oder auch nach außen, dorthin, wo wir die Gegenwart Gottes am deutlichsten wahrnehmen. Neben Sammlung kann unsere Haltung auch Ehrfurcht, Demut oder Geborgenheit ausdrücken.

Die Körperhaltung dient aber nicht nur als Vorbereitung zum Gebet, sie kann auch Gebet selbst sein. Ich kann durch meinen Körper mein Gebet sprechen oder durch meine Körperhaltung in das Gebet finden. Dazu verweile ich ganz gesammelt in der jeweiligen Haltung und bin offen für die Gegenwart Gottes. Manchmal kommen dann Worte, die mein Empfinden ausdrücken, manchmal bin ich da ohne Worte.

Die folgenden Haltungen sind Einladungen, über die Haltung zum Gebet zu finden oder durch die Haltung mein Sein vor Gott zu vertiefen. Verbindet man mehrere Haltungen und lässt sie ineinander übergehen, wird daraus ein Körpergebet, das man genauso wiederholen kann wie ein Wortgebet.

DASEIN

Aufrecht stehen, mit den Füßen bewusst am Boden, den Scheitel nach oben ausgerichtet. Die Arme und Hände zunächst seitlich am Körper hängen lassen, dann bewusst vor dem Brustraum zusammenführen – entweder die Handflächen übereinander auf die Brust legen oder aneinander oder die Hände auf Brusthöhe falten. Die Aufmerksamkeit im Herzraum sammeln.

BITTEN – HOFFEN – LOBEN

Bewusst stehen, die Hände vor dem Körper bis etwa Schulterhöhe heben, die Handflächen nach oben ausrichten, den Blick senken. Dann die Arme und Hände weiter nach vorne/oben bewegen, Hände etwa in Kopfhöhe oder leicht darüber, der Blick folgt in den Raum über die Hände. Sodann die Arme und Hände weit offen über den Kopf heben, den Blick in den weiten Raum richten.
Abschließen jeweils, indem die Arme bewusst sinken oder noch einmal vor der Brust innehalten.

DEMUT – SICH TRAGEN LASSEN

Aus dem Stehen langsam auf die Knie gehen, zunächst mit aufgerichtetem Oberkörper, den Blick senken, sich vorneigen, bis die Hände auf dem Boden liegen, Kopf weiter senken, eventuell mit der Stirn am Boden ablegen, dann Hände mit den Handflächen nach oben drehen. Handflächen wieder zum Boden, sich lang ausgleiten lassen, die Arme vorne/seitlich ausgestreckt. Sich tragen lassen.

GEBETE MIT GEBÄRDEN

DAS KREUZZEICHEN

Es gibt eine Gebärde, ein Gebet ohne Worte, das die Christen seit den ersten Jahrhunderten begleitet: das Kreuzzeichen. Es war von Anfang an Stoßgebet, Schutzgeste, Segen und Erkennungszeichen zugleich.

Wer sich heute bekreuzigt, wird meist direkt mit der katholischen Kirche identifiziert, doch auch in der orthodoxen Kirche gehört das Bekreuzigen zum Alltag. Im Laufe der letzten Jahrhunderte ist es in der protestantischen Kirche fast ganz verschwunden, erst heute erinnern wir uns daran, dass Martin Luther ganz in dieser christlichen Tradition stand und für ihn das Kreuzzeichen wichtig und selbstverständlich war. Wenn es uns gelingt, diese Grundgebärde wieder für alle Christen zu entdecken, kann sie erneut werden, was sie war: Grundgebet christlichen Glaubens.

Die Gebärde des Kreuzes gibt es in der großen und der kleinen Form.

Bei der großen Kreuzgebärde berühren in der Tradition der katholischen Kirche die Fingerspitzen der zum Körper hingewandten rechten Hand nacheinander Stirn, Brust, linke und rechte Schulter und zeichnen so ein Kreuz vor den Körper. Im Unterschied dazu wird in der orthodoxen Kirche das Kreuzzeichen nur mit Daumen, Zeige- und Mittelfinger der rechten Hand vollzogen (zum Teil auch nur mit einem Finger) und erst die rechte Schulter und dann die linke Schulter berührt. Dazu können die Worte gesprochen werden: »Im Namen des Vaters, des Sohnes und des Heiligen Geistes. Amen.« Oder, um mit Martin Luther zu sprechen: »Das walte (wirke) Gott Vater, Sohn und Heiliger Geist. Amen.«

Beim kleinen Kreuzzeichen zeichnen die Finger oder nur der Daumen auf kleinstem Raum ein Kreuz. Es ist meist eine Schutz- oder Segensbitte, kann aber auch Dank und alle anderen Stimmungen des Stoßgebetes ausdrücken. So kann ich das Kreuz auf die Stirn zeichnen als Gebetseinleitung, als Bitte um Schutz für ein schlafendes Kind, als Reisesegen beim Abschied, als Dankgebet für das Brot, bevor es angeschnitten wird, und in vielen anderen Situationen mehr.

Gebete mit Gebärden verbinden die Worte des Gebetes mit dem inneren und körperlichen Ausdruck. Ich kann die folgenden Gebete nur mit Worten beten, ich kann sie mit Gebärden begleiten und ich kann nach einiger Zeit nur noch die Gebärde vollziehen und zulassen, dass sich dabei eventuell neue, andere Worte dazu finden.

KLEINE GEBÄRDE

Ich danke dir,	Hände locker auf die Brust.
mein Gott,	Hände mit Handflächen nach vorne und oben.
du schenkst mir mein Leben.	Arme ganz nach oben und (mich umfassend) in einem weiten Kreis wieder vor die Brust führen.
Beschütze mich an diesem Tag	Großes Kreuzzeichen.
und alle, die ich liebe.	Mit geöffneten Händen zur Seite.

Wenn Sie die Gebärde für sich allein ausführen, können Sie diese mehrmals wiederholen und damit vertiefen. Die zur Seite geöffneten Arme kommen dann wieder vor der Brust zusammen und Sie beginnen von vorne. Beim letzten Mal können Sie die Hände aneinander legen und sich verneigen.
Sind Sie zu mehreren, gehen die Hände am Ende zur Seite und fassen die der Nachbarn, um so gemeinsam das Amen zu sprechen.
Die kleine Gebärde kann auch gut mit Kindern gebetet werden.

GROSSE GEBÄRDE

Hier stehe ich, ausgespannt zwischen Himmel und Erde,	Bewusst stehen (»Dasein«, siehe Seite 244)
aus allen Ablenkungen (des Alltags) sammle ich mich	Die Arme in weitem Bogen über den Kopf führen, bis sich die Handflächen berühren.
in Gedanken, Worten und Gefühlen.	So vor der Stirn und dem Mund zum Herzraum nach unten führen.
Ich öffne mein Herz und lausche auf dich,	Die Hände öffnen sich in Brusthöhe zur Schale.
Du bist der Quell, aus dem ich schöpfe,	Sich nach vorne neigen bis zum Boden und mit den Händen schöpfen,
du bist der Fels, auf dem ich stehe,	dann einen Schritt bewusst nach vorne treten, den Boden spüren,
vor dir verneige ich mich/ knie ich/werfe ich mich nieder.	sich so verneigen (oder Hände lösen und hinknien oder ganz auf den Boden ausstrecken),
Deine Gegenwart stärkt mich und richtet mich auf,	aus der jeweiligen Haltung bewusst aufrichten,
ich strecke mich aus nach dir.	die Arme zum Himmel strecken,
Deine Liebe fordert mich heraus,	mit offenen Armen empfangen,
öffnet mich für deine Schöpfung, Mensch und Natur.	weit werden, mit den Armen alles umfassen,
Mit dir kann mein Leben gelingen.	Hände zurück vor die Brust und so abschließen.

BETEN MIT DEM SONNENGRUSS

Manchmal können sich auch bereits vorhandene Bewegungsfolgen mit den Worten eines Gebetes verbinden. So ging es mir mit dem Sonnengruß, einer recht bekannten Yoga-Übung. Da ich sie meist morgens übte, legte sich irgendwann mein altes Kindergebet unter die Bewegung:

Wie fröhlich bin ich aufgewacht,
wie hab ich geschlafen so gut die Nacht,
hab Dank im Himmel, o Vater, mein,
dass du hast wollen bei mir sein.
Behüte mich auch diesen Tag,
dass mir kein Leid geschehen mag.
Amen.

Im folgenden Text finden Sie die Beschreibung des Sonnengrußes, verbunden mit einem neuen Gebet.
Diesen Bewegungsablauf des Sonnengrußes können Sie natürlich auch weiterhin mit dem obigen Gebet verbinden, vielleicht finden Sie aber später auch eigene Worte oder Sie beten ihn ganz ohne Worte, im wachen Dasein in der Bewegung.

1. Aufrecht stehen, die Hände vor der Brust zur Grußhaltung zusammengelegt, der Scheitel zeigt zur Decke.

Ich grüße dich,

2. Die Arme sinken und werden im großen Bogen vor dem Körper über den Kopf nach oben geführt. Sanfte (!) Rückbeuge, der Blick geht zum Himmel.

du neuer Tag,

3. Die Arme führen den Körper mit zunächst gestrecktem Rücken wieder nach vorne, Richtung Boden. Kopf und Oberkörper hängen, der Blick geht zu den Knien.

Geschenk aus

4. Die Hände zum Boden bringen. Der rechte Fuß macht einen großen Schritt rückwärts, das Becken sinkt, Oberkörper und Kopf sind aufgerichtet, der Blick geht nach vorne/oben.

Gottes Händen.

5. Der linke Fuß setzt sich neben den rechten Fuß, Fußflächen auf dem Boden. Der Po geht nach oben, der Blick zum Bauchnabel hin, die Arme sind gestreckt.

Wie immer die Nacht

6. Auf die Knie sinken, Po zurück auf die Unterschenkel, Füße ausstrecken.

gewesen sein mag,

7. Mit Kinn und Brust so nahe wie möglich am Boden zwischen den Armen durchtauchen und dann Kopf und Oberkörper aufrichten, mit den Armen nachstützen. Der Blick geht nach vorne/oben.

du gibst mir Kraft

8. Füße wieder aufstellen, sich mit Händen und Füßen hoch drücken und wieder in die Haltung 5 kommen.

für diesen Tag.

9. Den rechten Fuß nach vorne bringen, in Haltung 4, nur seitenvertauscht.

Lass ihn

10. Den linken Fuß heranholen, Haltung 3.

in Frieden

11. Sich vom Boden aufrichten, im weiten Bogen in Haltung 2.

enden.

12. Die Arme wieder vor den Körper bringen, Haltung 1.

SEGEN UND REISESEGEN

Jakob hatte von seinem Bruder das Erstgeburtrecht abgekauft und so bei seinem Vater den Segen des Erstgeborenen durch Täuschung erlangt. Er floh in die Fremde und kehrt in der folgenden Geschichte nach vielen Jahren zurück zu seinem Bruder:

Jakob zog mit seiner Sippe an den Fluss Jabbok. Seine Familie, alle Bediensteten und sein Vieh zogen durch eine seichte Furt, nur er selbst konnte den Übergang nicht vollziehen. Er blieb auf der anderen Seite, etwas hielt ihn fest. In der Nacht rang dann Jakob mit einem Wesen, das er unterschiedlich erlebte. Er erkannte, dass dies die göttliche Wirklichkeit war. Er kämpfte also mit Gott und hielt Gott stand und hielt Gott fest. Jakob erhielt einen Schlag auf die Hüfte. Er aber ließ Gott nicht los, bevor Gott ihn im Angesicht der Morgenröte segnete. Er wurde von Gott gesegnet. Danach zog Jakob auf die andere Seite, begegnete seinem Bruder und versöhnte sich mit ihm.

Genesis 32,23–32

DER SEGNENDE GOTT

Diese Geschichte fasziniert mich immer wieder. Ich liebe sie. Die Lebensgeschichte von Jakob ist geprägt von dem erschwindelten Segen. Vieles im Leben gelingt ihm, aber der echte Segen fehlt ihm. Er kann nicht in den nächsten Lebensabschnitt überwechseln, er kann sich mit dem Bruder nicht versöhnen, bevor er mit sich selbst und Gott nicht im Reinen ist. So ringt er die ganze Nacht. Sobald wir dieses Ringen als inneren Prozess, als Ringen in uns verstehen, wird die Geschichte greifbar und zumindest mir ist sie dann sehr nahe. Jakob ringt um den Segen und hält Gott stand. Eigentlich ringt Jakob um sein Leben. Und er spürt die Verletzungen, die er selbst erlitten hat und endlich auch die, die er anderen zugefügt hat. Er steht zu sich und bekommt den Segen. Gott ist ihm nahe, auch wenn er nun humpeln muss. Nicht ausweichen, hinschauen, standhalten und das Gesegnete wahrnehmen, dass eröffnet neue Dimensionen im Leben.

DER SEGEN UND DAS GEBET UM DEN SEGEN

Ein uralter Brauch feiert ein Comeback: der Segen. In den vielfältigen Gottesdienstformen ist er immer wichtiger geworden, sei es der Taufsegen, der Hochzeitssegen oder die Aussegnung eines Verstorbenen, der Segen am Abend für die Kinder zum Einschlafen oder der Wunsch »gesegnete Mahlzeit«, ein Segen und ein kurzes Gebet zugleich.
In der Tradition des Christentums war der Segen immer präsent. Es gab den Segen für das Haus und in vielen – auch evangelischen – Häusern hängt heute noch der Haussegen. Der Vater segnete die Kinder, besonders bei der Übergabe von Aufgaben, des Erbes, bei Verpflichtungen und beim Auszug aus dem Haus. Die Mütter waren für den Segen im Alltag

zuständig und dies durchaus im doppelten Sinne: Sie sollten mit ihrer Haltung und ihrer Arbeit für Segen sorgen und sie segneten die Kinder und alle, die im Haus wohnten. Segen war also durchaus eine Sache, die jeden anging und die nicht an den geistlichen Stand gebunden war. Natürlich segneten die Geistlichen im Gottesdienst die Menschen, aber zuhause und im Alltag war und ist dies jedem möglich.

Heute spüren die Menschen wieder, dass der Segen das Leben verändert und sie den Segen Gottes brauchen. Ein berührendes Buch über den Segen stammt von Inger Hermann und heißt »Halt's Maul, jetzt kommt der Segen«. Es berichtet von der Verbindung vernachlässigter Kinder einer Sonderschule mit zum Teil grausigen Schicksalen und ihren Erfahrungen mit dem Segen. Mir wurde bei einer Lesung mit Inger Hermann deutlich, dass die Kinder mit dem Segen intuitiv auf etwas zurückgreifen, was ihnen niemand nehmen kann, was sich menschlicher Willkür absolut entzieht. Es gilt zu spüren, wie ein Kind mir gegenüber einmal sagte, »in all dem Scheiß, den ich mach und abkriege, dass wenigstens Gott mich immer liebt«.

Mit dem Segen bejahen wir, dass Menschen aus dem Geist, aus der Kraft und aus der Energie Gottes leben können. Wir können um den Segen bitten und dieses Bitten ist ein Gebet um den Segen. Wir dürfen aber auch Menschen segnen und ihnen diese Kraft – den Segen – vermitteln. Vermitteln bedeutet, dass nicht der Mensch segnet, sondern letztlich immer nur Gott durch den Menschen.

Im Folgenden finden Sie zu vielen Situationen des Lebens Segensworte. Sie können nur gesprochen werden, aber Sie dürfen – mit Einverständnis – den anderen dabei auch berühren. Legen Sie dazu Ihre Hand auf die Hand des anderen oder auf bzw. über dessen Kopf.

Segen zur Geburt eines Kindes

Gott, du hast unser Kind (Namen) gewollt.
Wir haben uns dieses Kind als Eltern und
Freunde gewünscht.
Vor allem Anfang ist er/sie bei dir geborgen.
Segne du sein/ihr Lachen und Weinen.
Bewahre du ihn/sie in deiner
unverbrüchlichen Liebe.
Erfülle sie/ihn mit deinem Lebensatem,
mit deinem heiligen Geist.
Gott, segne dieses Leben.
Amen.

Beschirmt, beschützt, in deiner Hand

T und M: Johannes Matthias Roth; © Alle Rechte bei Johannes Matthias Roth,
Johannes-Music Verlag, Gunzenhausen; www.johannes-music.de.
Die beiden Textstrophen können mit der Dur-Folge aus dem Refrain unterlegt werden.

1. Ich geh meinen Weg, weil das Leben vor mir liegt,
   und ich bin mir sicher, dass du mit mir gehst,
   die Zeit mit mir teilst, jeden Augenblick,
   weil alles, was ich hab, wie ein Geschenk des Himmels ist.
   Jede Stunde, jeden Tag, leb ich mit deiner Liebe,
   weiß ganz genau, dass ich sie oft nicht verdiene,
   vor Glück vor Freude will ich tanzen, singen,
   das Leben ruft, will über Mauern springen.

2. Oft kann ich's nicht glauben, seh ich auch den Regenbogen,
   zweifel' an allem, es scheint wie verlogen,
   Dinge passieren, an die ich nie gedacht,
   dabei hast du selbst an meiner Seite gewacht.
   Du beschützt mein Leben, mein Glauben, mein Hoffen,
   ich will es entdecken, das Land steht mir offen,
   bei Tag und Nacht will ich dich spüren,
   gesegnet, mein Leben, du wirst mich führen.

Haussegen

Gott, segne die Welt und was sie erfüllt,
segne das Haus und die es bewohnen,
segne unsere Familie und alle Lieben,
segne unsere Augen und Hände,
segne unser Aufstehen am Morgen
und unser Niederlegen am Abend.

Segne unserer aller Arbeit, unser Tun und Lassen.
Segne unseren gedeckten Tisch,
segne unsere Fröhlichkeit und Stille.
Segne dieses Haus und alles, was in ihm lebt
und stirbt.

Nach einem irischen Segen

Segen für einen Kranken

Mögest du gesunden und heil werden,
an Körper, Seele und Geist.
Mögest du mit dem, was nicht gesundet, heil werden
an Körper, Seele und Geist.
Möge deine Hoffnung dich begleiten
und deine Endlichkeit und deine Grenzen dir vor Augen sein.
Möge deine Zeit erfüllt sein und erfüllt werden,
Augenblick für Augenblick.
Möge Liebe dich erfüllen und nie verlassen.
Möge der Segen Gottes dich stärken, behüten und bewahren.

Morgensegen

Der neue Morgen ist erwacht, Gott,
die Nacht und ihre Träume treten zurück.
Mit ihr gehen die Erfahrungen dieser Nacht,
gleich ob sie voller Zufriedenheit
oder Unruhe oder Sorgen gewesen sind.
So wie der Tag neu wird,
lass mich, Gott, neu beginnen
und mit den Erwartungen dieses Tages gelassen umgehen.
Segne mein Beginnen und Tun.

Beim Aufstehen

Ich ziehe an die Kraft des Himmels,
das Licht der aufgehenden Sonne,
die Klarheit des neuen Tages,
die Wärme, die mich umgibt.

Ich bitte um
Gottes Kraft als meine Stärkung,
Gottes Weisheit als meine Weisung,
Gottes Liebe als meine Begleitung,
Gottes Vertrauen als meinen Halt.

Ich bitte um
Gottes Segen,
damit seine Gegenwart in mir gegenwärtig ist.

Nach einem irischen Segen

Abendsegen

Christus,
du bist das Feuer und die Wolke vor mir,
leuchte mir wie die Sterne über mir,
gehe mit mir durch die Dunkelheit der Nacht,
halte mich fest in deiner Gegenwart,
dass ich erfrischt am Morgen erwache.
Segne meine Nacht und meinen Schlaf,
segne meine Träume.

Den Tag beenden

Gott, am Abend dieses Tages teile ich diesen Tag mit dir
und gehe diesen Tag noch einmal mit dir durch.
So kann ich die Erfahrungen dieses Tages abschließen.
So kann ich aufnehmen, was morgen wichtig ist.
Nun schenke mir, Gott, einen tiefen Schlaf
und heilsame Träume.
Segne meinen Schlaf und den Schlaf aller, die der Ruhe bedürfen.

Gebet für ein schlafendes Kind

Mein Gott, ich danke dir für mein Kind (Namen).
In seinem schlafenden Gesicht finde ich Ruhe.
Umhülle es mit deinem Schutz.
Segne seinen Schlaf und sein Erwachen.

Segen für einen Sterbenden

Gott, diesen Menschen (oder liebevoller:
den Vornamen aussprechen)
vertrauen wir dir an.
Wir begleiten ihn im Sterben,
begleite du ihn durch das Sterben,
gib ihm Geborgenheit in deiner ewigen Gegenwart.
Lass, was wertvoll war aus dieser Lebenszeit,
uns und anderen zum Segen werden.
Segne unseren Ausgang und Eingang,
jetzt und immerdar.

Reisesegen

Ich wünsche dir den Frieden der Meeresdünung,
den Frieden einer sanften Brise,
den Frieden unterwegs auf deinen Wegen,
den Frieden in dir und in allen Begegnungen,
den Frieden beim Weggehen und beim Ankommen.
Ich wünsche dir den Frieden Jesu Christi,
der unterwegs war wie du
und der heute gegenwärtig ist.
Er segne dich und begleite dich.

Nach einem irischen Segen

Der Herr segne dich

Dieser Segen verbindet den aaronitischen Segen, der in vielen Gottes-
diensten gesprochen wird, mit vertiefenden und gleichsam deutenden
Worten.
Der ursprüngliche aaronitische Segen ist die fett gedruckte Textzeile am
Beginn jedes Abschnitts. Dieser Text kann auch allein als Segen gespro-
chen werden.

Der Herr,
der Mächtige,
Ursprung und Vollender aller Dinge,

segne dich,
gebe dir Gedeihen und Wachstum,
Gelingen deinen Hoffnungen,
Frucht deiner Mühe,

und behüte dich
vor allem Argen,
sei dir Schutz in Gefahr
und Zuflucht in Angst.

Der Herr lasse sein Angesicht über dir leuchten,
wie die Sonne über der Erde
Wärme gibt dem Erstarrten
und Freude gibt dem Lebendigen,

und sei dir gnädig,
wenn du verschlossen bist in Schuld,
erlöse dich von allem Bösen
und mache dich frei.

Der Herr erhebe sein Angesicht auf dich,
er sehe dein Leid
und höre deine Stimme,
er heile und tröste dich

und gebe dir Frieden,
das Wohl des Leibes
und das Wohl der Seele,
Liebe und Glück.

Amen.
So will es der Herr,
der von Ewigkeit zu Ewigkeit bleibt.
So steht es fest nach seinem Willen für dich.

Jörg Zink

Segne uns am Abend

T: Rüdiger Maschwitz; M: Klaus Müller
© Strube Verlag, München

1. Seg - ne uns am A - bend und am Mor - gen.
2. Seg - ne uns im Le - ben und im Ster - ben.
3. Seg - ne uns in Ängs - ten und in Trau - er.

Seg - ne uns in Ta - gen vol - ler Mut.
Seg - ne uns_____ in der Wüs - ten - zeit.
Seg - ne uns,_____ wenn die Kraft er - lischt.

Seg - ne uns mit dei - nem gu - ten Geis - te.
Seg - ne uns mit dei - nem rei - chen Geis - te.
Seg - ne uns mit dei - nem heil - gen Geis - te.

Seg - ne uns im Strei - ten und in Wut.
Seg - ne uns in Freu - de und in Leid.
Seg - ne uns in Schat - ten und in Licht.

Acht Schritte des Betens

»Dir kann ich alles sagen, Gott, wem sonst«, so sagte eine Frau, die mit dem Beten vertraut war. Wer aber bisher keinen so vertraulichen Umgang mit Gott gepflegt hat, fragt sich vielleicht: Wie kann ich mit dem Beten beginnen, wie kann ich es vertiefen?

Beten lernt der Mensch durch Beten, so haben wir geschrieben. Daraus erwächst eine Bewegung des Betens in mannigfaltiger Form und Freiheit.

Wir haben im Folgenden acht Schritte aufgeschrieben, die einen achtsamen Weg zum Beten ermöglichen. Sie beschreiben, was beim Beten im Laufe der Zeit passieren und wie es sich entwickeln kann. Beten muss nicht so verlaufen, wie wir es beschreiben. Aber die Beschreibung ist ein Modell, das hilft, den Prozess des Betens zu erfassen. Veränderungen und Wandlungen des Betens werden so nachvollziehbar und man kann sich leichter selbst verstehen.

Betrachten Sie die Reihenfolge nicht als eine Stufenleiter oder als einen Zwangsablauf, sondern als eine Möglichkeit, die sich individuell auch anders darstellen kann.

1. Ein Bedürfnis spüren

Am Anfang steht die Sehnsucht, die Verzweiflung, der Schmerz oder die Ahnung um das Geheimnis des Göttlichen. All dies gehört zu den Bedürfnissen zu beten. Der eine Mensch spürt, dass die Klage und die Trauer in ihm Raum brauchen, der andere möchte vor Freude jubeln oder tanzen. Es gilt, dieses jeweilige Bedürfnis zu spüren und ihm nachzugeben, ihm nachzugehen.

2. Worte und Gefühle finden

Das, was den Menschen bewegt, einzwängt, bedrückt, ergreift, braucht seinen Ausdruck. Beten ist Ausdruck. Wir sollen und dürfen uns ausdrücken und versuchen, Gefühle und Worte für unsere aktuelle Situation zu finden. Im Beten vertrauen wir das, was uns am Herzen liegt, einer größeren Wirklichkeit vorbehaltlos an. Dies kann auf vielerlei Art geschehen. Mit und ohne Worte, mit eigenen oder fremden Sätzen, kurz oder lang, mit Gebärden oder ohne, mit einem einzigen Ausatmen oder mit einer Flut von Worten. Diese Wirklichkeit zu erleben ist wie eine gute Therapie. Die Seele atmet. Wir dürfen so sein, uns so zulassen, wie wir im Augenblick gestimmt sind.

3. Sich selbst wahrnehmen

Wenn Jesus im Matthäusevangelium sagt: »Gott weiß, was ihr bedürft, bevor ihr ihn bittet« (Mt 6,8), dann ist deutlich, dass es um die Selbstwahrnehmung des Menschen geht. Aus dieser Wahrnehmung heraus kommen wir in Kontakt mit uns selbst und finden wir Kontakt über uns hinaus.

4. In Beziehung treten

Indem wir uns öffnen, uns mitteilen, uns ausdrücken – ob mit Tränen oder geballten Fäusten, ob mit einem Lied oder einer Melodie, mit eigenen Worten oder mit Worten anderer Menschen oder auch ohne Worte –, gehen wir über uns hinaus, sprengen wir die Grenzen unseres Seins. Wir öffnen uns und treten in Beziehung. Wir können spüren, wir sind nicht mehr isoliert, sondern Teil einer großen Gemeinschaft in der Gegenwart und im Gegenüber Gottes.

5. Stille finden – still werden

Es wird Stille eintreten. Im Beten wird das Herz, der Ort, in dem alles Aufgewühlte sich kristallisiert und sammelt, auch zur Ruhe finden. Für Momente wird die Stille, die wirkliche Stille, spürbar. Es ist eine Stille, die alles umfasst und aufnimmt. Wer diese Stille einmal erfahren hat, in der der Klang der Stille uns weitet und verbindet mit allem, was lebt und lebte, wird dies nie mehr vergessen. Es ist nicht mehr die Art der Stille, die Angst machen kann, die uns zeigt, wie ruhelos oder überlastet oder zerstreut wir sind, es ist die Stille, die uns mit dem Transzendenten, dem Göttlichen verbindet – heilsame Stille.

6. Für Antworten offen sein

Beten ist aber mehr als sich mitteilen. Wie in jeder Kommunikation, erwartet der Mensch eine Reaktion. Wer betet, hofft auf Antwort. Meist wird von »Hören« gesprochen. Wer betet, soll auf die Antwort Gottes hören. Dabei denken viele Menschen an das Hören mit den Ohren. Dies ist jedoch zu kurz gedacht: Wer auf Worte wartet, wird leicht enttäuscht. Die Antworten sind meist existenzieller. Denn es gibt unzählige Arten von Antworten.

Einige Beispiele:
❭ Der Mensch spürt, wie seine Energie (der Atemhauch Gottes) wächst oder zurückkehrt.
❭ Der Mensch weiß urplötzlich die Antwort auf seine Frage. Der Weg, die Entscheidung ist klar und sogar befragbar.
❭ Ein anderer Mensch antwortet.
❭ Die Situation verändert sich und etwas Neues tut sich auf.

Deshalb ist es wichtig, im Beten und auch nach dem Beten für Antworten offen zu sein. So wird das Leben zum Gebet – im Sich-Ausdrücken und im Erwarten.

7. Gott wahrnehmen

Kann der Mensch beten, ohne Gott wahrzunehmen? Muss das Wahrnehmen der göttlichen Wirklichkeit am Anfang stehen oder ist es eine Folge des Gebets?

Beides ist möglich. Denn: Gott ist gegenwärtig – immer. Dies ist der Ausgangspunkt dieses Buches, darin liegt unsere Erfahrung und unser Glaube. Gott entzieht und versteckt sich nicht. Es gilt, die göttliche Wirklichkeit wahrzunehmen. Das Gebet führt dorthin, verstärkt und intensiviert die Wahrnehmung Gottes.

8. Sich hinhalten in die Wirklichkeit Gottes

Früher oder später kommt der Betende an den Punkt, an dem er erfasst, dass Beten nichts Tieferes ist als sich mit der eigenen Existenz in die Wirklichkeit Gottes zu halten.

Der Mensch will nichts mehr, aber er erwartet alles.

Der Mensch ist.

Gott ist.

Mehr braucht es nicht und mehr gibt es nicht.

Dieses Beten kann im absoluten Schweigen geschehen und der Mensch spürt: Er ist geborgen in allem, was geschieht, und er ahnt, dass dies über den Tod hinaus Bestand hat.

Wenn du aber betest, so gehe in dein Kämmerlein und
schließ die Tür zu und bete zu deinem Vater,
der im Verborgenen ist, und dein Vater,
der ins Verborgene sieht, wird's dir vergelten.
Und wenn ihr betet, sollt ihr nicht viel Worte machen.
Euer Vater weiß, was ihr bedürft, bevor ihr ihn bittet.

Nach Matthäus 6,6–8

DER INTIME GOTT

In der mystischen Tradition wird der zu Beginn dieses Kapitels (siehe Seite 269) zitierte Text aus dem Matthäusevangelium 6,6–8 als eine Einladung und Aufforderung zum inneren Gebet verstanden. In seiner Tiefendimension erläutern diese Worte Jesu das innere Gebet.
Ich höre den Text dann so: Sammle dich in deinem Inneren. Gehe in deinen Herzraum. Verweile im Schweigen und halte inne. Sprich dein Herzenswort inwendig. Bleibe und verweile in diesem Herzensgebet. Mehr ist nicht nötig. Es geht nicht darum, viele Worte zu machen, sondern in der einen Übung zu bleiben. Denn Gott ist in dir und du bist in Gott.
Gerhard Tersteegen sagt bzw. singt dies mit anderen Worten:

Du Atem aus der ewigen Stille

T: Gerhard Tersteegen
M: Rainer Moritz
© Rechte beim Komponisten

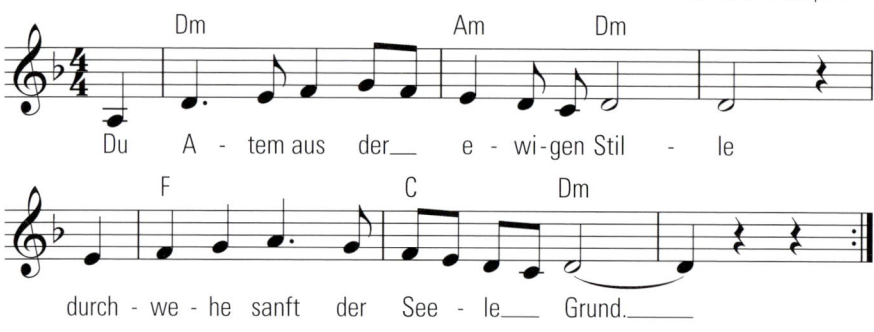

DIE NOTWENDIGKEIT DES GESAMMELTEN INNEHALTENS – BEWUSST LEBEN

Wir neigen in unserem Leben oft zum ruhelosen Arbeiten oder zur Trägheit. Beides tut nicht gut und schenkt kein erfülltes und zufriedenes Leben. Es ist hilfreich, in einer guten körperlichen, seelischen und geistlichen Spannung zu leben. Dazu gehört das Innehalten, die Atempausen im Leben.

Nimm dir in der Stunde eine Minute,
am Tag eine halbe Stunde,
im Monat einen Tag,
im Jahr eine Woche.
Nimm dir diese Zeit nur für dich und für Gott.
Dazu hast du ein Recht
und es wird dir guttun.
Keine Sorge:
Auch die anderen Menschen werden dadurch glücklicher.
Du begegnest ihnen bewusster und liebevoller.
Denn du rennst nicht mehr besinnungslos durch das Leben.

Manchen Menschen fällt diese Haltung schwer. Sie haben zu viel zu tun. Sie stehen sich nicht das Recht zu, sich Zeit für sich zu nehmen. Oder sie vergessen sich selbst oder suchen Erfüllung im Mehr und Mehr und Mehr.
Jesus nimmt sich immer wieder diese persönliche Auszeit. Egal, was seine Freunde, die Männer und Frauen um ihn, davon halten. Jesus zieht sich zurück. Er geht in die Einsamkeit und Stille. Kleine Zwischensätze in den biblischen Berichten erzählen davon, wir überlesen sie. Sie stehen nicht im Zentrum und doch sind sie das Zentrum.
Nimm dir regelmäßig Zeit für dich und Gott. Dies ist dein erster Schritt zu mehr Leben.

DIE NOTWENDIGKEIT DER INNEREN HYGIENE

Wenn der Mensch sich Zeit nimmt, innehält und bewusst lebt, dann wird er sich ändern. Sein seelisches Erleben wird durchdrungen von Vertrauen und Liebe, Schmerzhaftes wird klarer und heilt, Unvermeidbares wird als solches erkannt und Überflüssiges kann abgelegt werden. Es setzt ein Reinigungs- und Klärungsprozess ein, mit anderen Worten: Das Schweigen und die Stille haben auch eine therapeutische Wirkung. Der Mensch begegnet sich selbst. Und dies ist nicht zu trennen von der Begegnung mit Gott. Seelische Bewusstheit und Klarheit wirken sich auch heilsam auf das körperliche und seelische Wohlbefinden aus.

Wenn ein Meister ein Bild macht
aus einem Stück Holz oder einem Stein,
so trägt er das Bild nicht in das Holz hinein;
vielmehr schneidet er die Späne ab,
die das Bild verborgen und verdeckt hatten.
Es gibt dem Holze nichts,
sondern er nimmt und gräbt ihm die Decke weg,
und dann erglänzt,
was darunter verborgen lag.

Meister Eckhart

DIE FREIHEIT, VOR GOTT UND CHRISTUS NICHT ZU MÜSSEN

Wer sich auf das schweigende Gebet oder erst einmal auf Stille einlässt, der kann viel tun, aber er muss es nicht. Dies ist kein Widerspruch. Für Gott muss der Mensch nichts tun, sagt Jesus in dem Bibeltext am Anfang des Kapitels, denn Gott weiß schon.

Vor Gott und in Gott geht es nie um Leistung oder um die Fortsetzung des Lebens mit den gleichen Mitteln wie im Beruf, in der Familie, im Alleinsein … Es geht nicht um Erfolg oder Niederlagen, nicht darum angepasst zu sein oder exzentrisch, sondern um das einfache Dasein in der Gegenwart Gottes. Dies nennen wir Meditation.

O, Mensch,
das grundlegend Gute in dir
ist MEIN Wort,
das im Kern deines Wesens Klang geworden ist.
Diese Veranlagung in dir ist zu unendlicher
Entwicklung fähig.
Also vergiss nicht zu lauschen.
In der Stille wirst du MEINEN Ton hören
und kannst einstimmen,
du, MEIN Ebenbild.

Franz-Xaver Jans-Scheidegger

MEDITATION – WAS IST DAS?

Der Theologe Michael von Brück übertrug bei einem Vortrag den Anfang des Johannesevangeliums spontan: »Am Anfang war die Präsenz Gottes.« Genau dieser Satz sagt alles. Doch wie kommt der Mensch in Berührung oder sogar in die tiefe Einheit mit dieser Präsenz Gottes? Dies ist die Leitfrage aller christlichen Meditationsübungen. Meditation will dem Menschen einen Weg anbieten, sich auf die Präsenz Gottes einzulassen, denn diese Präsenz Gottes ist immer da, unabhängig von allem. Es gilt, die Gegenwart Gottes wahrzunehmen und sie auf sich einwirken zu lassen. Der Mensch übt also in der Meditation, sich mit seinem ganzen Wesen auf die Existenz Gottes einzulassen und sich der Wirkung dieser Existenz zu überlassen. Dieses Geschehen nennen wir das schweigende Gebet oder schweigendes hörendes Beten. Eigentlich ist dies eine einfache Übung und Aufgabe, wenn da nicht die Schwierigkeit wäre, sich durch nichts von diesem schweigenden Beten ablenken zu lassen; und der Ablenkungen, der Störungen, der Versuchungen gibt es zahlreiche.

Gerade weil wir im täglichen Leben nicht immer präsent sind, gilt es, wie oben beschrieben, erst einmal das Innehalten im Leben einzuüben. Präsenz beginnt mit dem Innehalten. Und zum Innehalten kommt dann eine Haltung, die die Meditation fördert.

Halt an, wo laufest du hin,
der Himmel ist in dir:
Suchst du Gott anderswo,
du fehlst ihn für und für.

Angelus Silesius

DIE HALTUNG IN DER MEDITATION

Meditation vollzieht sich meist im Sitzen. Das Sitzen soll helfen, sich durch nichts ablenken zu lassen und geschieht in einer aufmerksamen Haltung. Der Übende kann auf einem Meditationskissen mit vor sich gekreuzten Beinen sitzen, mithilfe eines Meditationsbänkchens knien oder auf einem stuhlhohen Hocker verweilen. Bei allen drei Haltungen ist vom Becken aufwärts die Sitzhaltung gleich: Vom Becken aus ist der Leib aufgerichtet, aber nicht durchgestreckt. Die Wirbelsäule trägt sich selbst bis hin zum Kopf. Die Schultern hängen gelassen und die Handflächen liegen ineinander. Die Daumen berühren sich leicht. Die Augen sind entweder ein wenig offen und der Blick ist ohne jede Fixierung in ca. zwei Meter Ferne auf den Boden gerichtet oder die Augen sind ganz geschlossen.
Diese konsequente äußere Haltung ermöglicht langes Sitzen und eine hohe Aufmerksamkeit. Anfangs braucht diese Haltung eine Zeit der Einübung, dann wird sie schnell zur Gewohnheit. Die innere Haltung beschreibt Gerhard Tersteegen:

Wie die zarten Blumen willig sich entfalten
und der Sonne stille halten,
lass mich so
still und froh
deine Strahlen fassen
und dich wirken lassen.

Nun hört sich dies einfach und vielleicht sogar banal an. Aber setzen Sie sich in die Stille und probieren dies einmal. Vielleicht tritt wirklich für einen Augenblick tiefe Stille ein, aus der der Klang der göttlichen Gegenwart zu erahnen ist.
Meist jedoch führt die Stille dazu, dass die Gedanken, Phantasien, Planungen und Emotionen, die zu uns gehören, überdeutlich werden und dominieren. Deshalb gibt es in den Meditationswegen Übungen, die helfen in der Sammlung zu bleiben. In der Übung wird das, was uns beschäf-

tigt, wahrgenommen, aber es soll den Übenden nicht bestimmen bzw. er soll nicht an Ablenkungen und inneren Prozessen anhaften.

Nur so kann die Haltung gefunden werden, die Tersteegen in den wenigen Zeilen poetisch beschrieben hat.

DER WERT DES SCHWEIGENS

Der Theologe Jörg Zink beschreibt in einem meditativen Gebet den Prozess der Meditation und teilt ihn mit Gott:

In dir sein, Gott, das ist alles.
Das ist das Ganze, das Vollkommene, das Heilende.
Die leiblichen Augen schließen, die Augen des Herzens öffnen
und eintauchen in deine Gegenwart.

Ich hole mich aus aller Zerstreutheit zusammen
und vertraue mich dir an.
Ich lege mich in dich hinein wie in eine große Hand.

Ich brauche nicht zu reden, damit du mich hörst.
Ich brauche nicht aufzuzählen, was mir fehlt,
ich brauche dich nicht zu erinnern
oder dir sagen, was in dieser Welt geschieht
und wozu wir deine Hilfe brauchen.

Ich will nicht den Menschen entfliehen oder ihnen ausweichen.
Den Lärm und die Unrast will ich nicht hassen.
Ich möchte sie in mein Schweigen aufnehmen
und für dich bereit sein.

Stellvertretend möchte ich schweigen
für die Eiligen, die Zerstreuten, die Lärmenden.
Stellvertretend für alle, die keine Zeit haben,
mit allen Sinnen warte ich,
bis du da bist.

In dir sein, Gott, das ist alles,
was ich mir erbitte.
Damit habe ich alles erbeten,
was ich brauche für Zeit und Ewigkeit.

Jörg Zink

DER MEDITATIONSWEG DER KONTEMPLATION

Wir möchten Ihnen zwei Meditationswege kurz vorstellen. Es sind erste Informationen zur Meditation und vielleicht werden Sie dadurch angeregt, sich damit intensiver zu beschäftigen. Doch zuerst zur »Theorie«.
Kontemplation bedeutet Schauen und Betrachten und bezeichnet alle christlichen Meditationswege, in denen das Schweigen die Grundhaltung ist. Ziel dieser Meditationswege ist das Schauen Gottes. Dies bedeutet, der Mensch nimmt in seiner Erfahrung die Gegenwart Gottes wahr. Schauen ist hier ganzheitlich zu verstehen, die göttliche Wirklichkeit wird mit allen Sinnen erlebt.
In der Kontemplation gibt es Übungen, die die Achtsamkeit schulen und es leichter machen, in der Gegenwart Gottes zu verweilen. Als intensive Grundübung bietet sich die Ausrichtung auf den eigenen Atem an. Zum einen ist der Atem als Orientierung immer vorhanden, zum anderen verbindet der Atem den Menschen direkt mit der göttlichen Wirklichkeit.

In der Schöpfungsgeschichte der Bibel haucht Gott dem Menschen seinen göttlichen Atem ein. Damit ist nicht ein physikalischer Vorgang gemeint, der die Materie des Menschen zum Leben erweckt. Dieser Vorgang wird deutlicher, wenn wir wissen, dass das hebräische Wort für Atem »ruach« heißt und weiblich ist. »Ruach« bedeutet nun gleichermaßen Atem, Energie, Kraft, Lebenshauch und Geist. »Ruach« ist der heilige Geist, der uns als Lebenshauch, als Gottes Kraft durchströmt.

Der Mensch soll sich nicht
mit einem gedachten Gott begnügen;
denn wenn der Gedanke vergeht,
so vergeht auch Gott.

Meister Eckhart

Wer also in der Kontemplation auf den Atem achtet, achtet auf den Geist Gottes, der in uns präsent ist.

Nun zu den Übungen:
⟩ Der Meditierende achtet auf den Atem und nimmt ihn wahr. Atemzug um Atemzug. Dabei gilt die Regel »es atmet mich«, d.h. der Atem wird nicht beeinflusst, er wird wahrgenommen. Diese einfache Übung ist dadurch auch schwierig, denn es gilt, den Atem nur zu lassen und ihn nicht zu verändern. Schweift der Übende ab, so kehrt er wieder auf die »Schau« des Atems zurück.
⟩ Eine leichtere Übung gerade für den Anfang ist das Zählen der Atemzüge. Auch hier wird der Atem nicht verändert, er wird gezählt. Ist der Meditierende bei 10 angekommen, beginnt er von vorne. Ist er bei 99 angekommen, weiß er, dass er nicht wirklich anwesend war und beginnt wieder – ohne sich zu ärgern – bei 1.

Öffne deine Sinne,
dass du die Belebung MEINES Lebenshauches
verspürst.
MEINE Weisheit atmet in dir.
In jedem Einatmen schöpfst du
aus der Fülle MEINES göttlichen Lebens;
in jedem Ausatmen schenkst du dich
hinein in MEINE Schöpfung.
Empfange und schenke weiter,
du, MEIN Ebenbild.

Franz-Xaver Jans-Scheidegger

DER MEDITATIONSWEG DES HERZENSGEBETES

Das Herzensgebet ist eine Sonderform der Meditation und auf den ersten Blick dem gewohnten Gebet näher und vielen Betenden oft unbewusst vertraut.

Jesus sprach davon, dass seine Schüler allezeit beten sollen (Lukas 18,1), und Paulus sagte: »Betet ohne Unterlass« (1 Thessalonicher 5,17). Wie kann aber der Mensch allezeit beten, war nicht nur die Frage der ersten Christen. Dabei geriet nicht allein das wortlose Gebet in den Blick, sondern auch eine Form des schweigenden Gebetes, das sich paradoxerweise der Worte bediente und trotzdem in die absolute Stille und in die Präsenz Gottes führte.

Dieses Gebet wird das Herzensgebet genannt. Das Herzensgebet hat drei Grundübungen.

❯ Ein geistliches Wort wird fortwährend, also immerwährend wiederholt und nistet sich so in den Lebensvollzug als Grundmelodie ein. Das Wort wird dabei inwendig gesprochen.

❯ Dabei verbindet sich das Wort mit dem Atemrhythmus. Dies wird nicht erzwungen, sondern geschieht meist von selbst. Es ergibt sich also eine Verbindung von Wort und Atem, von Gebet und Geist.

❯ Der Ort, in dem das Herzensgebet sich vollzieht, ist der Herzraum. Dies ist der mittlere Brustraum rechts und links auf Herzhöhe. Von dort aus erfüllt das Herzensgebet den ganzen Menschen. Wichtig: Der Atem nistet sich nicht im Herzraum ein, dies wäre kein natürlicher Atemvollzug mehr. Der Atem geschieht auch hier nach der Regel »es atmet mich«. Das Herz wird mit Martin Luther als ein ganzheitlicher Ort verstanden. Martin Luther vergleicht den Herzraum in seinem Wort zum Psalmbüchlein mit dem Meer. Wie das Meer ist das Herz aufgewühlt oder ruhig, man kann klar in die Tiefe sehen oder es ist eine dunkle, tosende Brühe.

❯ Findet der Mensch allerdings zur Herzensruhe und zum Frieden des Herzens in der Gegenwart Gottes, dann ist er authentisch mit sich, mit Gott und der Welt.

Wenn Sie Worte suchen, mit denen Sie sich auf den Übungsweg des Herzensgebetes begeben wollen, dann beginnen Sie mit einem der aufgeführten Worte, bis sich ein endgültiges, lebenslanges Wort einstellt. Besonders geeignet sind:

❯ Du – oder: Du, mein Gott
❯ Ich in DIR und DU in mir
❯ Schalom
❯ Amen
❯ Jesus Christus, oder auch: Jesus Christus, erbarme dich meiner

Erbarmen bedeutet in der hebräischen Tradition im gebärfähigen Schoße ruhen. Um Erbarmen bitten heißt also: Jesus, in deinem Schoße, aus dem Neues erwächst, möchte ich ruhen. (Weiterführende Informationen hierzu finden Sie in: Rüdiger Maschwitz, Das Herzensgebet. Ein Meditationsweg, München 2005.)

Schlussgebet

BETEN – SCHWER UND LEICHT GESAGT

Beten –
das Namenlose nennen,
dem göttlichen Geheimnis sich anheim geben,
die allgegenwärtige Gegenwart vergegenwärtigen,
das Unberührbare berühren,
vom Unbegreiflichen sich ergreifen lassen.

Beten –
das klanglose Wort hinter den Worten hören:
sprechen über Worte hinaus.
Das unsichtbare Bild hinter den Bildern sehen:
schauen über Bilder hinaus.
Die ewige Stille hinter der Stille erlauschen:
schweigen über Stille hinaus.
Das unfassbar Göttliche hinter Gott erahnen:
vertrauen über Gott hinaus.

Beten –
im göttlichen Urgrund sich gründen,
an der Quelle des Lebens überquellen,
vom Ursprung des Seins her sein dürfen:
Haltloses hinhalten,
Abgründiges ergründen,
Gefühltes überlassen.

Beten –
schweigen und zugleich reden,
sprechen und zugleich hören,
bitten und zugleich empfangen,
sich leeren und zugleich gefüllt werden,
träumen und zugleich aufwachen,
tun und zugleich lassen,
sterben und zugleich geboren werden.

Beten –
ein- und ausatmen,
in sich einkehren und außer sich sein,
sich verwirklichen und die göttliche Wirklichkeit wirken lassen,
sich in Gott verlieren und Gott in sich finden.

Beten –
loben,
leben,
lieben,
sein.

Rainer Moritz

DANKSAGUNG

Wir danken besonders Winfried Nonhoff, der uns zu diesem Buch herausforderte und nicht wusste, was er anrichtete und uns schenkte. Wir danken ihm für seine intensive Begleitung und die fortlaufende Diskussion, die Förderung und Mitarbeit an dem Konzept. All dies war mehr, als zu erwarten gewesen wäre. Wir sind froh, dass wir dieses Buch schreiben durften. Wir kamen mit ganz persönlichen Fragen in Kontakt und tauschten uns darüber aus, dies war eine Bereicherung für uns. Die Arbeit an diesem Buch hat unser Gebet vertieft, manches geklärt und uns deutlich gemacht, wie schwierig und einfach zugleich es ist, Worte zu finden.

Ganz herzlichen Dank.

Der zweite Dank gilt vor allem unseren Müttern, die uns das Gebet mit auf den Weg gaben.

Der dritte Dank gilt unseren Kindern, die uns mit ihrer ständigen Mahnung, immer Sicherungskopien zu machen, in der Verzweiflung retteten, als der Computer nachts das fertige Manuskript von hinten weglöschte und keinem Computerbefehl mehr zugänglich war.

Und alles in allem:

Gott sei Dank!

LITERATURHINWEISE

Hier finden Sie die in diesem Buch erwähnten Bücher noch einmal im Überblick zusammengestellt und darüber hinaus einige empfehlenswerte Hinführungen zum Beten für alle, die weiterlesen möchten.

Biesinger, Albert, Verbinde dich mit dem Himmel. Ein Geschenkbuch für Kinder mit der Gebetsschnur vom Berg Athos, München 2007.

Bucher, Anton A., Psychologie der Spiritualität, Weinheim/Basel 2007.

Hanh, Thich Nhat, Tief aus dem Herzen. Die Energie des Betens, München 2007.

Hermann, Inger, Halt's Maul, jetzt kommt der Segen. Kinder auf der Schattenseite des Lebens fragen nach Gott, Stuttgart 1999.

Kirchhoff, Hermann, Grundgebete der Christen, München 2006.

Kürzinger, Reinhard/Sill, Bernhard, Das große Buch der Gebete. Über 800 alte und neue Gebetstexte für jeden Anlass, Erftstadt 2007.

Maschwitz, Rüdiger, Das Herzensgebet. Ein Meditationsweg, München 2005.

Pausch, Johannes/Böhm, Gert, Auch schwarze Schafe können beten. Für alle, die nicht an Gott glauben und dennoch beten wollen, München 2002.

Röhlin, Karl-Heinz, Beten. Ein Training für Anfänger und Geübte, München 2006.

Zink, Jörg, Die Urkraft des Heiligen. Christlicher Glaube im 21. Jahrhundert, Freiburg 2008.

Zink, Jörg, Wie wir beten können. Neuausgabe, Stuttgart 2008.

Für Menschen, die in Trauer sind, empfehlen wir die Homepage
www.trauernetz.de

Zum Thema »Beten im und mit dem Kirchenjahr« lohnt sich ein Blick auf
www.anderezeiten.de

QUELLENVERZEICHNIS

19 Martin Gotthard Schneider, aus: Neue Kinderlieder, © by Gustav Bosse Verlag, Kassel – **20/21** Gebet aus Westafrika, aus: Fritz Pawelzik, Ich werfe meine Freude an den Himmel, R. Brockhaus, Wuppertal 1992. © Fritz Pawelzik, Düsseldorf – **22, 39** Jörg Zink, © www.hufeisen.com – **24** © Paul Weismantel, Regensburg – **26, 129, 185** Dietrich Bonhoeffer, aus: Widerstand und Ergebung, © by Gütersloher Verlagshaus, Gütersloh, in der Verlagsgruppe Random House GmbH, München – **34** Friedrich Dörr, zit. nach Gotteslob Nr. 696 – **40** Kurt Rommel, © Strube Verlag, München – **43** »Abend ward, bald kommt die Nacht«: Text von Rudolf Alexander Schröder, aus: Gesammelte Werke. Die Gedichte, © Suhrkamp Verlag, Frankfurt am Main 1952 – **52** oben: traditionell; unten: Albert Biesinger, aus: Verbinde dich mit dem Himmel, © by Kösel-Verlag, München, in der Verlagsgruppe Random House GmbH, München 2007, S. 38 – **53** Thomas Moore, zit. nach: Josef Griesbeck, Das Brot ist uns geschenkt, Echter Verlag, Würzburg 2006, S. 21 – **54** Mündlich überliefert – **56** © Carola Moosbach, Köln – **57** »Unser tägliches Brot …« und »Gott, überall sind Menschen …« aus: Themaheft Beten, 8/1978, hg. vom Landsjugendpfarramt der Ev.-luth. Landeskirche Hannover. »Wir wollen danken für unser Brot«: traditionell – **58** Lied »Alle guten Gaben« zit. nach: Claudia Pfrang/Marita Raude-Gockel, Das große Buch der Rituale, Kösel-Verlag, München 2007, S. 258 – **69** »Erd und Himmel«: Paul Ernst Ruppel, nach einer Strophe aus dem Hymnus »Corde natus ex parentis« von Aurelius Clemens um 405, © Verlag Singende Gemeinde, Wuppertal – **70** Johannes Kepler, zit. nach: Wilhelm Albrecht/Helmut Anselm (Hg.), Neuen Atem holen, Claudius/Don Bosco, München [3]2007, S. 104 – **71, 72, 75, 145, 168** Beratungsstelle für Gestaltung, Das Kleine Gottesdienstbuch. Liturgien der Iona-Kommunität in Schottland, Frankfurt am Main, 3. überarbeitete Auflage 1997, S. 8, 36, 38, 64, 44 – **74, 273, 280** Franz-Xaver Jans-Scheidegger, aus: Worte geboren aus Schweigen, © by Kösel-Verlag, München, in der Verlagsgruppe Random House GmbH, München 2002, S. 23, 63, 150 – **79** Meister Eckart, zit. nach: Jörg Zink, Dornen können Rosen tragen, Kreuz Verlag, Stuttgart 2002, S. 276 – **88, 89** »Herr, das ganze Leben …« Nr. 819/1; »Ich brauche Mut und Kraft zum Leben« Nr. 819/2; »Unser Gott, an diesem Tag …« Nr. 819/4 aus Evangelisches Gesangbuch, Ausgabe für Bayern und Thüringen, © Evangelisch-Lutherische Kirche in Bayern – **91** aus: Uwe Seidel/Diethard Zils, Psalmen der Hoffnung, © tvd-Velag, Düsseldorf 2001 – **92** © Uwe Buschmann, Hünfelden-Kirberg – **101/102** Quelle unbekannt – **112** Anneliese Lissner, aus: Gotteslob Nr. 24,1 – **114** Erich Guntli, © Verein für die Herausgabe des Katholischen Kirchengesangbuches der Schweiz, Zug 1998 – **115** Gotteslob Nr. 24,4, © Bernward Mediengesellschaft, Hildesheim – **116** aus: Evangelisches Gesangbuch, Ausgabe der Evangelischen Kirche im Rheinland, der Evangelischen Kirche von Westfalen und der Lippischen Landeskirche, Nr. 952/MBK-Verlag, Bad Salzuflen, Rechtsnachfolge: Aussaat Verlag, Neukirchen-Vluyn – **135** Antoine de Saint-Exupéry, aus: Die Stadt in der Wüste, © 1956 und 2002 Karl Rauch Verlag, Düsseldorf – **141** aus: Hanns Dieter Hüsch/Uwe Seidel, Ich stehe unter Gottes Schutz, © tvd-Verlag, Düsseldorf 1996, S. 77 – **142** Anneliese Lissner, aus: Evangelisches Gesangbuch, Ausgabe der Evangelischen Kirche im Rheinland, der Evangelischen Kirche von Westfalen und der Lippischen Landeskirche, Nr. 909 – **143** © Andreas Lerch, Salzgitter – **154** © Carmen Berger-Zell, Düsseldorf – **154/155** © Ulrich Tietze, Wülfingen – **156** aus: Kurt Marti, Leichenreden © Nagel & Kimche im Carl Hanser Verlag, München – **167** © Helge Adolphsen, Hamburg – **169** oben: Gotteslob Nr. 8,2, © Patmos Verlag GmbH & Co KG/Benziger Verlag, Düsseldorf; unten: Gebet der Vereinten Nationen, zit. nach Gotteslob Nr. 31,1 – **170** Zentrum Ökumene, Frankfurt a.M., Wöchentlicher Fürbittendienst zum Zeitgeschehen der Aktion Brot für die Welt – **171/172** Willi Knecht, anlässlich eines Gottesdienstes in Ulm-Böfingen, © Willi Knecht, Ulm – **173** Anton Rotzetter, aus: Gott, der mich atmen lässt, S. 79, © Verlag Herder, Freiburg im Breisgau / Anton Rotzetter, 17. Gesamtauflage 2002 – **174** Gotteslob Nr. 29,3 – **181** Neue Übertragung des aramäischen Vaterunser in Anlehnung an Neil-Douglas Klotz, Das Vaterunser, München 1992, © Franz-Xaver Jans-Scheidegger, CH-Adligenswil/Luzern – **184** zit. nach: Gotteslob Nr. 15,2 – **186** Friedensgebet zit. nach: Gotteslob Nr. 29,6 – **187** Frère Roger, aus: Gemeinsame Gebete. Texte und Gesänge aus Taizé, Christophorus Verlag, Freiburg ²1983, S. 15; © Ateliers et Presses de Taizé; F-71250 Taizé-Communauté – **204** Hugo Delgado, zit. nach: Melodie der Erde. Lob und Klage aus aller Welt, Verlag der Ev.-Luth. Mission, Erlangen 1994 – **212, 223, 261/262, 277/278** Jörg Zink, aus: Wie wir beten können, © Kreuz Verlag, Stuttgart 1991 – **218** Hanne Köhler, aus: Heidi Rosenstock/Hanne Köhler, Du Gott, Freundin der Menschen, © Kreuz Verlag, Stuttgart 1991, S. 29 – **219** Beginn der »Confessiones« (deutsch: Bekenntnisse) des Augustinus – **220** aus: Gotteslob Nr. 3,1 – **283** © Rainer Moritz, Rheda-Wiedenbrück

Einige Quellenangaben waren trotz Bemühungen des Verlags nicht oder nur ungenau möglich. Der Verlag ist für weiterführende Hinweise dankbar.